思想觀念的帶動者

文化現象的觀察者

本土經驗的整理者

生命故事的關懷者

心靈工坊 PsyGarden

Holistic

探索身體，追求智性，呼喊靈性
攀向更高遠的意義與價值
是幸福，是恩典，更是內在心靈的基本需求
企求穿越回歸眞我的旅程

雷叔雲 譯
胡海國 楊蓓 劉秀枝 惠敏法師 推薦
劉秀枝 審閱

當佛陀拈花微笑，祂的大腦正同步發射出強大能量！

Buddha's Brain:
The Practical Neuroscience of Happiness, Love, and Wisdom

像佛陀一樣快樂

愛和智慧的大腦奧祕

瑞克・韓森 Rick Hanson &
理查・曼度斯 Richard Mendius 著

國外佳評

這是本全方位的書，作者讓我們輕輕鬆鬆了解心如何運作，以及如何改變心，使我們能過一個更快樂、更豐實的生活。

——雪倫・薩爾茲堡（Sharon Salzberg）

著有《不要綁架自己》

本書告訴我們，來自止觀傳統的心靈修行如何讓我們體驗到快樂與平靜，同時也對這些方法提供科學的理解，可說是培養智慧和解脫心靈的清晰修行指南。

——塔拉・布萊克（Tara Brach）

著有《全然接受這樣的我》

在許多探討為何要、又如何去形塑大腦以獲得平靜與快樂的書籍中，這是我讀過的最好一本。這是一本能改變你的大腦和生命的書！

——珍妮弗・樓登（Jennifer Louden）

著有《The Woman's Comfort Book》、《The Life Organizer》

本書以現代神經科學顯示佛陀的教法，非常出色。這本實用指南可使我們的現實有所變革，讓我們也擁有佛陀的大腦！

——魏斯・尼斯克（Wes Nisker）

著有《Essential Crazy Wisdom》、編有《Inquiring Mind》

瑞克・韓森有科學家的心智、心理學家的觀點，以及為人父母與虔誠禪修者的智慧心靈；他為我們這些想學習並應用神經學、心理學與正統心靈探索的亮眼新研究的人寫下一本指南。最新的發現與最先進的修行組合，使本書非常迷人！

——理查・海克勒（Richard A. Heckler）

加州快樂山（Pleasant Hill）約翰甘迺迪大學教授

本書使我們了解人類操作系統的原因和方式，如此一來，我們便能採取更多行動將生命活得更充實、更慈悲、更健康，對他人與自己更仁慈；其中特別激勵我之處是瑞克・韓森清楚描述受苦的根源，同時闡明如何改變這些因緣，並在心、身與人際關係上發揮持續的影響。他的文筆扎實、輕鬆且易懂，讓我一讀再讀，埋頭深入複雜的人體工程中。我將本書列在給學生與受訓教師的推薦書單中。

——理查・米勒（Richard C. Miller）

整合再造學院（Integrative Restoration Institute）創立總裁

本書揭去宗教的外衣，清楚描述演化與認知神經生物學的現代觀念如何證明佛陀的核心教法及修行，這不僅吸引在俗世中尋求心靈道路的人，同時也向感興趣的神經科學家提出許多可實驗的假設。

——傑洛米・恩格（Jerome Engel）&喬納森・西內（Jonathan Sinay）

加州大學洛杉磯分校神經學、神經生物學與病理學和生物行為科學傑出講座教授

心理學和神經科學晚近的發展，清晰且強而有力地使我們深入知悉大腦如何運作，並看到神

經功能如何形塑我們看待世界的經驗。這些洞見與具有數千年歷史的止觀修行深深契合，本書作者寫出了一本簡要且實用的指南，指出我們可以利用這兩股知識洪流，帶著智慧、慈悲與正念來轉化自己及他人。

——羅勃・楚歐（Robert D. Truog）

哈佛醫學院教授

專業與倫理學院（Institute for Professionalism and Ethical Practice）執行總裁

【推薦序1】

更待何時

丹尼爾・席格（Daniel J. Siegel）

《像佛陀一樣快樂》鼓勵我們以內心的專一來駕馭注意力，藉此改善生活和人際關係。瑞克・韓森（Rick Hanson）博士和理查・曼度斯（Richard Mendius）博士綜合了佛教傳統中「止觀修行」（contemplative absorption）[1]的古老智慧，以及現代神經科學領域的新發現，集成了一份既富啟發性又具實用性的指引，帶領我們一步步走向內心的覺醒。

最近一項科學革命告訴我們，成人的大腦終其一生都可以改變。雖然過去許多大腦科學家宣稱心只是大腦的活動，現在我們卻能從另一個觀點檢視生命中這兩個次元的關係：我們

1譯註：參考《佛光大辭典》：「止息一切外境與妄念，而貫注於特定之對象（止），並生起正智慧以觀此一對象（觀），稱為止觀，即指定、慧二法。又作寂照、明靜。定、慧與戒同為佛教徒之重要實踐德目，如阿含諸經對此多有論說。」又如《雜阿含經》四六四經所說：「修習於止，終成於觀；修習觀已，亦成於止。謂聖弟子止、觀俱修，得諸解脫界。」

一旦了解心是顯現大腦生理（embodied）和關聯式作用（relational）的過程，能調節能量和訊息流動，便知道心確實可以用來改變大腦，而方法很簡單，只要我們知道如何使注意力專一，以及如何刻意藉著神經回路來引導能量和訊息流動，就能直接改變大腦活動和結構。然而，關鍵在於我們必須知道如何一步步運用覺知（awareness）來增進幸福。

我們一旦明白心是關聯式運作，腦則是身體中和其他系統打交道的器官，這又引發了另一個新觀點：人際關係的好壞並非生命中的偶然，事實上，它和內心運作及大腦的健康休戚與共。社交關係會形塑神經連結，然後形成大腦結構，這意謂著我們的溝通方式會改變對應的大腦回路，特別是幫助我們保持生命的平衡。科學更進一步確認，若我們在生命中修習慈悲心與「正念覺知」（mindful awareness）[2]（後者即放下評斷並全心專注於當下），便能駕馭大腦的社交回路，甚至足以轉化與自己的關係。

本書的兩位作者將有兩千多年歷史的佛教修行，與大腦運作的新觀點融會於一處，引導我們如何刻意創造正向的改變。現代生活常使我們進入自動化（automatic pilot）模式，不斷透過數位刺激、訊息超載、讓大腦充滿壓力又沒有生活品質的行程表等，迫使我們在同一時間內進行多重任務。我們迫切需要在混亂中找時間停下來，卻沒幾個人辦得到；但本書帶領我們做個深呼吸，想想神經學如何解釋為什麼要放慢下來、平衡大腦、改善人際關係，並增進與自己的關係等。

科學已經證明，本書提供的練習能幫助我們更專注、更堅韌也更機智，並形塑正向的內心世界，而這些公認有效的步驟也會增進我們的同理心，在我們生活於其中並相互依存的世界裡，擴大慈悲與關懷的範圍。

在此，我邀請所有的讀者藉由這些練習來駕馭心，進而改變大腦，也就是一個對象接著一個對象、一份關係接著一份關係；每一時、每一刻都建立起仁慈與健康的神經回路。除此之外，我們尚有何求？此刻不開始，更待何時！

本文作者為心視研究院（Mindsight Institute）執行總裁、加州大學洛杉磯分校醫學院病理副臨床教授，著有《人際關係與大腦的奧祕》、《喜悅的腦：大腦神經學與冥想的整合運用》、《第七感》等。

2編註：參考《佛學大辭典》：「正念為八聖道之一，離邪分別而念法之實性也。起信論曰：『心若馳散，即當攝來住於正念。』慧遠觀經疏曰：『捨相入實名為正念。』」

【推薦序2】

獨一無二的領悟

傑克・康菲爾德（Jack Kornfield）

在《像佛陀一樣快樂》一書中，瑞克・韓森博士與理查・曼度斯博士非常清晰且實用地介紹佛陀重要的智慧教法。他們運用科學研究的現代語言，邀請讀者面對心的奧祕，敞開心門，對古老而深刻的禪修進行現代的理解。本書巧妙地將古老的教法融入神經科學的革命性發現中，因為近代的神經科學確認了人類本有從事止觀修行的關鍵能力，例如正念、慈悲、自我調節等。

讀完本書後，我們會學到大腦科學相關的知識，以及增進內心健康的實用方法，藉此培養自在感、慈悲心並減少痛苦；此外也會看到充滿智慧的生命新觀點，還有開發這種智慧的生物基礎，這些幫助我們更了解心的運作，以及快樂、同理心、互相依存的神經學源頭。

在本書的每個章節中都能看到佛陀的教法，例如四聖諦[3]、四念處[4]、持戒、慈心、寬恕和內心平靜等，這些都非常直接，也非常及時，有如佛陀張開他無私的雙手，歡迎每個人前來體會自己那份獨一無二的領悟。在佛陀教法之後的練習部分，也同樣清晰正確，與我們在禪修道場所受的訓練並無二致。

我看過瑞克和理查如此分享佛陀的教法，這些教法對前來學習者的心智與心靈產生了正面影響，對此我致上深深的敬意。值此之際，人類世界比往昔更需要找尋新的方式來建立愛、智慧與和平，不論是在個人層次或是在全球層次，皆是如此。希望我這篇短文，也能對這份重要的努力有所貢獻。

祝福你。

本文作者為麻州巴里（Barre）觀禪協會（Insight Meditation Society）的共同創立者，並創立加州木畝（Woodacre）靈岩禪修中心（Spirit Rock Meditation Center），其著作等身，包括《踏上心靈幽徑：穿越困境的靈性生活指引》、《智慧的心》、《心靈雞湯》等。

3 譯註：四聖諦為苦、集、滅、道。

4 編註：四念處又名四念住，即身念處、受念處、心念處、法念處。身念處是觀身不淨；受念處是觀受是苦；心念處是觀心無常；法念處是觀法無我。此四念處的四種觀法都是以智慧為體，以慧觀的力量，把心安住在道法上，使之正而不邪。

【推薦序3】

離苦得樂

古翠瑾

這世界上，幾乎所有的人都有所追求，只是追求的目標可能不太相同，有些人追求成功、財富、權利、名聲，有些人追求美貌、青春、健康、愛情、婚姻等等。不論追求的是什麼，每個人都深信一旦夢想成真後，自己的快樂指數便會提高，然而最後往往發現事與願違，不是夢想很難實現，就是即使夢想成真，快樂也未必持久，而且生活上的其他挑戰總是層出不窮、排山倒海似的湧進。

難道我們別無選擇，只能繼續受苦嗎？這些人生的問題，在兩千多年前也困擾著許多哲學家們，為了尋找答案，先覺哲人們不斷思考與辯論，希臘哲學家蘇格拉底提出「認識自己」，帶動了一股由外在世界推向內在自我的反思，以期能找出真正的解答。到了十七世紀，法國著名的哲學家笛卡爾提出了「心物二元論」，開啟人類思考的新方向！宇宙真正的主宰是純粹的物理性質，無論大小都可以予以量化並加以測量嗎？還是這所有的一切，不過是「心」的反射而已？

「心」究竟在哪裡呢？「心」的反應又該如何測量呢？兩千年多年前的中國哲學家莊子與惠子的「魚樂之辯」，就曾以「你又不是我，如何能知道我的感受？」掀起一番激烈的辯論。然而，真正把「心」當成一門學科，嘗試用科學的方法加以研究則是十九世紀末的事，進入二十世紀後，隨著醫學技術不斷地提升與突破，人類得以對自己最複雜的器官「大腦」揭開神祕的面紗，了解大腦主要是由神經元所組成，神經元與神經元之間的互動產生了千變萬化的神經回路，而這些神經回路的建立、興奮、改變或抑制，每分每秒都重塑我們的人格，進而改變我們的人生觀及人生。

奇妙的是，兩千五百多年前的佛陀並沒有科學與醫學的背景，但他用自己的智慧，以堅定的決心找出了生命的真理，這些真理之後流傳成不同的佛教派別，其中的教義卻與今日心理學或大腦神經學的研究成果不謀而合。佛教並沒有神格化佛陀，佛陀的教導主要是讓眾生知道如何離苦得樂，最有名的經典《心經》開宗明義指出這一切都是因為「心」，用現代的說法來解釋，就是這一切都歸因於我們的「大腦」。

本書作者之一的瑞克・韓森是美國著名的大腦神經學家，因緣際會在三十年前與佛結緣，之後便將他所學的大腦神經學與佛學的修行實踐加以結合，現在，他將自己的研究成果與教導融入《像佛陀一樣快樂》這本書裡。佛陀和我們每個人一樣，都要面對生、老、病、死的人生考驗，也擁有一顆跟普通人一樣的「大腦」；不同的是，經過潛心修練後，佛陀明白如何操控自己的大腦，進而主導自己的人生。本書按步就班地帶領讀者進入大腦神經學的領域，並以淺顯易懂的方式介紹最基本的方法。

恭喜每一位幸運接觸到這本書的讀者，我誠懇地邀請您用心閱讀、用心體會，然後加以實踐，相信假以時日，您的人生必將開啟另一扇窗，而從這扇窗望出去的景色，一定也與以往截然不同！

樂活族國際有限公司執行長

瑞克・韓森中文部落格「佛陀腦」負責人

【譯者序】

學習之旅

雷叔雲

學書法之後，我練習著去看書法作品中的繪畫性，亦即布局結構、濃枯潤燥、疏密剛柔；此外也看音樂性，也就是速度收放、節奏意態與氣勢神韻，凡「種種懸針垂露之異，奔雷墜石之奇，鴻飛獸駭之資，鸞舞蛇驚之態，絕岸頹峰之勢，臨危據槁之形」[5]，都在計黑當白的二度空間一一展現，然後延伸出三度空間，一路上溯到書者的指腕肘臂、筆墨硯，乃至心境。我這樣讀帖、摩帖、臨帖、背帖的同時，視覺、運動肌肉和心識也一同攜手走過奇險壯麗的學習之旅。

我個人這微不足道的經驗與本書有什麼關連呢？有的，因為你我，乃至本書作者都有著

5 語出孫過庭《書譜》。

共同的身心經驗，那就是不知不覺、每日這樣的用「心」，早已透過神經元的不斷激發並串聯，悄然改變了大「腦」的作用和結構。如果我持續練字，大腦便產生永久性的改變，我多多少少變成了一個不同的人；但更讓我無所覺察的是，如果有天我心忘於筆、手忘於書，更專心致志、更淡定自在，那時正是我的「腦」回過頭來改變了我的「心」。

快樂來自心／腦的訓練

在早年，我們認定大腦在成人後便不再形成新的連結，然而近二十多年來，大腦神經學家逐步證明大腦終其一生都在持續改變，任何輸入的訊息與發射的訊號都會留下軌跡，於是「終身學習」漸漸成為社會共識。如今，科學家更在音樂、美術、工藝、數學與文學這一長串的研究名單上加入禪修，這倒新鮮了。一般來說，禪修是修心，那麼心和腦，這軟體和硬體之間互相扮演著什麼樣的角色呢？它們究竟是兩者，還是一體？

本書首先介紹大腦的生理作用，從人類的演化觀點闡述凡俗心理的生物性背景。凡俗心理有許多苦況，有微小的孤獨、不安、不耐、沮喪，有中度的焦慮、壓力、受傷、不平，還有高度的恐懼、悲慟、憤怒、心理創傷。這是因為人類祖先在惡劣艱困的環境下，不但要求生存，而且要將基因傳遞下去，於是發展出一「套」機制以求適者生存，但這機制也為人類身心「套」上枷鎖，令人受苦，為什麼呢？因為我們強行劃分出物我、人我的區隔，妄生「與我有關」及「與我無關」的分別，然而一切事物與眾生都是交織交融的；我們努力使自身系統穩定不變，但我們身處的世界卻不斷變化遷流；我們不斷尋求機會與快樂、逃拒危險和痛苦，機會和危險卻都遠超乎我們所能控制。因此，一旦作者把人類議題放到時間的長河中進行分析檢驗，便產生宏觀的視野：我受苦，並不是我一個人有問題，我的各種感受、情緒和念頭，都與人類的普世問題接軌。

本書爬梳歷來與修行有關的大腦神經學與心理學研究，其實潛架構是先描述苦的實況，次探究苦從何來，再談滅苦之道，也就是獲得快樂、平靜與智慧的方法，舉凡如何滅去負面情緒、攝入美好經驗、堅定意向、具有平等心和同理心、更慈悲卻不失立場、愛得更無條件、更專注、更有覺知、鬆脫「我」的概念等，可說大致沿著佛法「苦、集、滅、道」四聖諦的次第。

其中，滅苦之「道」即「八正道」[6]，包括道德生活（戒）及止觀修行（定、慧）。本書不同於前人多聚焦於止觀修行，反而正本溯源，不忘從修行最基礎的道德生活和人際關係

6 譯註：八正道為正見、正思惟、正語、正業、正命、正精進、正念、正定。

談起，提出「戒、定、慧」三種必修科目可一一對應大腦的節制、學習、選擇三種作用；但「戒」同時節制了原本有如野生動物般的情緒反應，「定」同時降低了外在警戒，「慧」同時切斷曾經幫助我們生存的各種信念，所以，修行其實逆向操作了人類演化的結果。

類似這樣的對照處處可見，也就是說，本書在修行脈絡中大量嵌入各種科學論證，藉以支持佛法所說的「識緣名色、名色緣識」等身心相依的現象，確定心／腦其實是單一而整合的系統，也可以說快樂、平靜、智慧始於心、成於腦，接著既成於腦、終成於心。兩位作者是神經心理專家，又是禪修實踐者與禪修老師，以這樣雙軌的背景來寫這樣一本雙軌的書，真是再適合不過了。

科學眼看大腦

本書不少篇幅介紹有關佛法修行的特色：「止觀修行」——亦即「禪修」——也就是修習止禪和修習觀禪。近年來大腦神經學家和心理學家利用先進的儀器，如功能核磁共振造像（functional MRI）、腦電波儀（EEG）等，來測試資深禪修者和初學者，或將學習禪法人士與一般人士分為控制組及對照組，結果發現禪修可大大增進專注力、認知表現、行為、情緒，甚至始料未及的身體健康、疼痛緩解和大腦可塑性等方面。

例如威斯康辛大學麥迪遜校區的心理學與精神病學教授瑞奇・戴維森（Richard H. Davidson）博士，分別在二〇〇二年和二〇〇八年對詠給明就仁波切、藏傳比丘馬修・李卡德（Mattieu Ricard）等多人的禪境為實驗對象，發現比丘的伽瑪波（γ波，gamma brainwaves）比一般人強大甚多，除了顯示出高度的專注，大腦中也有大片區域高度活化，其中以職司快樂、平靜之類正向情緒的左前額葉最為明顯。「正念減壓」大師喬・卡巴金（Jon Kabat-Zinn）博士也有類似的研究結果。

除此之外，加州大學戴維斯分校心腦中心（Center for Mind and Brian）的克立弗・沙朗（Clifford Saron），以及聖塔芭芭拉心識研究院（Santa Barbara Institute of Consciousness Studies）的艾倫・華勒士（B. Alan Wallace）在二〇〇七年以六十位健康受試者進行「三摩地計畫」（Shamatha Project），這算是目前為止最大規模、也是最長期的研究。在這個計畫中，控制組每日至少進行六小時的止禪和慈心禪，為期三個月，結果發現他們的專注力、敏感度、情緒調節、同理心和慈悲心都有增進，端粒酶（telomerase，細胞分裂時能保護染色體穩定並促進細胞發育的酵素）活動也增加了，顯示禪修對健康亦有幫助。

阿姆斯特丹大學的希林・史雷特（Heleen Slagter）則在二〇〇七年的實驗中發現，每日進行十至十二小時的專注和正念訓練，持續三個月後，受試者的「不注意瞬間」（attentional blink，即認知過程延緩，通常為半秒鐘，使人錯過某些刺激）減少了；而曾在日本習禪的科羅拉多大學退休神經學榮譽教授詹姆斯・奧斯汀（James Austin）在《禪與腦》（*Zen and the Brain*）、《禪—腦反應》（*Zen-Brain Reflection*）與《直觀無我》（*Selfless Insight*）三本著作中，不但蒐集禪法與大腦的相關研究，而且提出一些基本理論，例如禪的見性（kensho）或悟（satori）會「重新啟動」（re-boot）大腦，使心中陳腐的慣性結構（尤其是凡事皆有「我」、「我的」成分的習性）崩解，並轉為柔順靈活、反應適切與慈悲為懷。

從修行眼看身心

類似的研究漸多，甚至有「禪觀神經學」（contemplative neuroscience）這種指涉專門領域的名詞開始出現，然而科學仍有其極限，我們對於大腦的了解還處於原始階段，連視網膜如何傳送訊號到視覺皮層的第一階段尚不能盡知其詳，更遑論佛陀的「正等正覺」等高階狀態了。其實，我們何需具備科學背景或使用科學儀器來了解禪修對於身心的影響？又何勞科學家來告知我們身心處於何種狀態？修禪者的身心就是實驗室，從能觀的心開始，對所觀的境下功夫：或修「止禪」，以培養專注，置心一處；或修「觀禪」，透視無常、苦、空、無我，開發般若智慧；或修「慈心禪」，以培養無量的慈悲喜捨，乃至同體大悲，無緣大慈。

這一段修行路上，由凡俗的「心」過渡到超越的「心」，修禪者既是實踐者，又是目擊者，除了從經論、老師、善友學習，並不需要外來的科學刻度，經中也說：「我已知已證，現法自知作證具足住。」[7]

這些修行方法，詳實記錄在佛法經論中，然而，我們不必以宗教劃分你我，凡願意接受心的訓練者便可一試，晚近已有不少猶太教、天主教、基督教人士走入禪堂，只不過，禪修在大眾眼中仍籠罩著一層神祕的面紗，不信者恆不信，不確信者不敢輕易嘗試，所以科學的涉入，仍有重大的意義：

第一，禪修經驗的第一人稱主觀表述，可能有內心幻象或言語極限等作梗其間，又缺乏客觀數據可資佐證，現代人既服膺科學，大腦神經學雖無法全盤描述禪修的境界，但量化的研究結果畢竟呈現了若干證據。

第二，學習禪法，大可暫時撇開超凡入聖的長程目標，而集中於短程目標，例如增進專注力、調節情緒、舒緩壓力或疼痛等，假以時日，效果無不迅速顯現，只要有心提昇生命品質的人皆可從中受益。

7 類似的句子常見於最早期的經典《雜阿含經》。

第三，這是東方與西方、古老與現代、宗教與科學的對話，跨越時空又跨越專業領域，也是尋求理解的一大步。

心雖看不見摸不著，但有大腦和其他身體系統等鏡像反映出心的狀態，改變了心，便改變了腦；而改變了腦，也就改變了心。既然起點和終點都是心，那麼，掌握了科學證據之後，若有志和佛陀一樣快樂、平靜、智慧，就讓我們回到心上下功夫吧。

簡介

本書探討如何深入大腦內部，使我們更快樂、更能愛、更有智慧，並前無古人地探索心理、神經學與止觀修行的交會之處，以便回答下面兩個問題：

- 在充滿快樂、愛和智慧的內心狀態下，大腦的狀態是什麼？
- 我們如何運用心，來刺激並強化這種正向的大腦狀態？

在實際探索後，我們結集出這本大腦的實用指南，其中有不少可以用來逐步改善大腦的工具。

理查是神經學家，我（瑞克）是神經心理學家，雖然大部分篇幅由我執筆，但理查是我長久以來的合作者與教學夥伴，在他三十年的行醫生涯中，所有對大腦的洞見都融入本書；我們一起創立泉源神經科學與觀慧學院（Wellspring Institute for Neuroscience and Contemplative

Wisdom），網址為www.wisebrain.org，其中提供了許多文章、演講，以及其他資源。

讀者可以透過本書學到如何有效處理心的困難狀態，包括壓力、情緒低落、散亂、種種人際關係問題、焦慮、哀傷和憤怒；但主要的焦點仍在於正向的健康、心理成長及心靈修行。幾千年來，禪者——他們可說是修心的奧林匹克選手——曾經深究過心，因此我們在本書中將自己知之最詳的止觀修行（也就是佛教的修行）應用於大腦，來顯示通往快樂、愛、智慧的神經路徑。雖然無人能知佛陀或其他人大腦的完整本質，但我們已逐漸了解如何刺激並強化喜悅、關懷、深度智慧等內心狀態的神經基礎。

如何使用本書

讀者無須具備任何神經科學、心理學、禪修的背景才能閱讀本書，本書將訊息及方法交織在一起，就像一本大腦操作手冊，甚至還附上工具箱，讓讀者在其中找到最順手的工具！

由於大腦十分迷人，我們也列出許多近期的大腦科學研究，包括許多參考書目，以備讀者有天想親自查證（但本書並無意成為教科書，因此簡化了神經活動的描述，只專注於它們重要的特點）；另一方面，如果讀者對實用的方法更感興趣，大可略過科學的部分。當然，心理學與神經科學才剛起步不久，還有許多有待深入研究之處，因此我們並無意全面概括，本書只集中討論有明確的科學解釋，又能點亮知足、仁慈與平靜的神經網絡的方法。

這些方法包括導引式禪修，但在給予指示時，往往使用如詩般或能引起共鳴的文字，而非限定且精準的語言。讀者不妨用好幾種不同的方法來閱讀，包括只閱讀並思索，或將一部分內容融入例行的禪修中，或和朋友一起實踐，或者錄下這些指示並實際演練。這些指示只是建議，在兩段指示間停留多久都可以。禪修沒有所謂「錯的」方法。只要你覺得適合，就是對的。

在此必須提醒大家：本書不能取代專業照顧，也不能治療任何心理或生理的異常情況。不同的事情對不同的人會產生不同效果，有時某個方法可能引起不適，尤其是有過創傷的話，因此大可不必理會這些方法，你可以和朋友（或心理諮商師）討論，或加以修改，或者乾脆放棄，總之，千萬要愛惜自己。

最後，我想分享我十分肯定的一件事，那就是我們可以在內心做一些小小的改變，而它將來會在大腦與生活經驗中引發極大的改變。我身為心理學家及禪修老師，已看過無數人一再發生這樣的變化，此外，我也在自己的念頭與感受中看到這種轉變。每一天，我們確實都能把整個生命推往更好的方向。

只要改變了大腦，就改變了生命！

目錄

第1部

心腦相依

越來越多的研究結果顯示出心有多依賴大腦，一旦大腦內的化學物質稍加改變，情緒、專注力與記憶也隨之改變；同樣的，流過心的一切會形塑我們的大腦，因此我們可以運用心來改變大腦，並達到至善的境界，這樣不但有益我們的生命，也有益於我們所接觸到的每個人。

第一章 自我轉化的大腦

大腦的主要作用就是改變自身。

——馬文・明斯基（Marvin L. Minsky，美國人工智慧科學家）

心一改變，大腦也跟著改變。心理學家唐納・赫伯（Donald Hebb）曾說過：「當神經元一起出手（fire，譯按：以下將按大腦神經學名詞譯為激發），它們也一起牽起手來（wire，譯按：以下將按大腦神經學名詞譯為串聯），因此可以說，心的活動會產生新的神經結構。」這就是說連稍縱即逝的念頭和感受，都會在大腦裡留下長久的痕跡，如同春雨在山坡上留下軌跡一樣。

例如，倫敦的計程車司機由於需要記得許多彎彎曲曲的街道，於是發展出一個較大的海馬迴（Hippocampus，這是大腦職司視覺空間記憶的重要區域），因為大腦這一部分鍛鍊較多；又例如說我們越快樂時，大腦左前額葉區域便越活躍。

流過心的一切會形塑我們的大腦，**因此我們可以運用心來改變大腦，並達到至善的境界**，這樣不但有益我們的生命，也有益於我們所接觸到的每個人。

本書將指出如何達到這樣的境界。我們會了解到，當心充滿快樂、愛與智慧的時候，大腦處於何種狀態，也會學到許多活化並強化這種大腦狀態的方法。只要每次都強化一點，最後便能逐步重新串聯大腦，進而獲致幸福、理想的人際關係，以及內心的平靜。

關於大腦的基礎說明

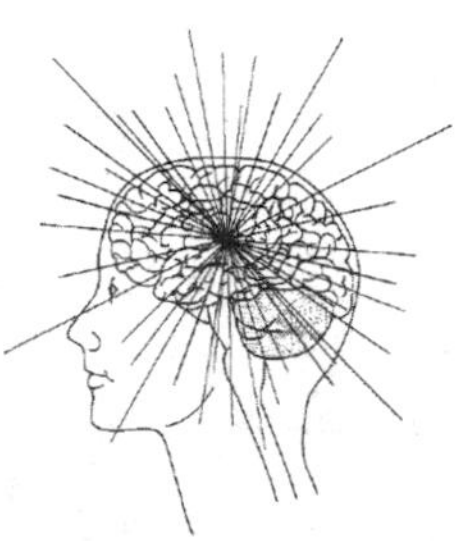

- 大腦是三磅重、狀似豆腐的組織，含有1.1兆細胞，包括一千億神經元。平均而言，每個神經元從其他神經元接收五千個鍵聯，稱為突觸（synapses）。
- 當神經元接收突觸時，會從其他的神經元接到訊號，它通常是一股被稱為神經傳導物質（neurotransmiters）的化學物質。訊號告訴神經元是否要激發，而激發與否，端視每一次接收到的訊號組合。當

神經元激發時，又會經由傳導的突觸向其他神經元送出訊號，告訴它們是否要激發。

●典型的神經元每秒鐘激發五到五十次，當我們讀著這個方塊裡的每一條說明時，腦袋內便有千兆個訊號在遊走。

●每一個神經訊號都是一則訊息，神經系統將訊息傳遞至各處，就像心臟將血液輸送到全身一樣。所有訊息可說是廣義而言的「心」，而大部分訊息都永遠留在覺知之外。當我們使用「心」一詞時，包括用以調節壓力反應的訊號、如何騎自行車的知識、性向、希望和夢想，以及我們在這裡讀到的文字意義等。

●大腦是推動並形塑心的主要推手。大腦很忙，雖僅占身體重量的百分之二，卻消耗百分之二十到二十五的氧氣與葡萄糖；它就像冰箱般一直嗡嗡地工作，忙著履行功能，無論我們是在深度睡眠或努力思考，都消耗相同的能量。

●若一千億個神經元的可能組合都被激發，總數大致上是十的一百萬次方，或者一後面加上一百萬個〇；原則上，這是大腦可能狀態的數量。如果要對這個數量有點概念，宇宙中所有原子的數量估計「只」有十的八十次方而已。

●有意識的內心活動是根據形成又消散的突觸，在幾秒鐘之內的暫時結合。就像小溪中的漩渦，神經元也會因為心的活動而強化彼此的連結，進而創造出長期的回路。

- 大腦是一個整體系統，因此將某些作用（如專注力或情緒）歸於某一部分，通常只是簡化的說法。
- 人類的大腦和身體其他系統互動，接著又與世界互動，但大腦同時也被心形塑。最廣義來說，心是由大腦、身體、自然世界和人類文化形塑而成，同時也被自己形塑。當我們說大腦是心的基礎時，其實也是一種簡化的說法。
- 心和大腦彼此互動甚密，最好視為一個單一互相依存的心／腦系統。

空前的機會

正如顯微鏡為生物學帶來革新，過去幾十年來，新的研究工具如功能核磁共振造像等，也為心與大腦的科學知識帶來突破性的進展，如今，我們若想在日常生活中過得更快樂、做事更有效率，可以說擁有更多方法了。

二十年來，我們所學到的大腦知識，遠勝於整個歷史紀錄的總和。

——亞倫・萊希納（Alan Leshner）

同時，人們對止觀修行的興趣與日俱增。止觀修行探究心，同時也探究腦，幾千年來，它使心／腦處於寧靜狀態，來捕捉最微細的喃喃自語，並發展出複雜的方法來轉化心／腦。如果我們想把一件事做好，最好的辦法就是研究擅於此道的佼佼者，例如喜歡烹飪的人，就研究電視上的名廚，所以我們若想更快樂、內心更有力量、更清明和更平靜，應該向禪者（不論是在家人或出家人）學習，因為他們是真正修習這些特質的人。

雖然「止觀」聽起來很有東方味，但我們若曾禪修、禱告，或好奇地注視過星辰，便已經在練習止觀了。世界上許多靜觀傳統多與各大宗教有關，包括基督教、猶太教、伊斯蘭教、印度教和佛教，而其中，科學界對佛教研究得最多。佛教和科學一樣，鼓勵人們不要單單根據信仰便接受事物，是以不需要對神的信仰，也能發展出一個心的精密模式，可以轉譯為心理學和神經科學。因此，本書在尊重其他靜觀傳統的同時，特別利用佛教的觀點與方法來說明。

生命若無靜觀，註定難有快樂。

——多默神父（Father Thomas Keating）

讓我們把心理學、神經學和止觀修行這三個領域想成三個圓圈（如圖一），在這三者交集之處，各種研究才正要呈現初步成果，但科學家、臨床醫學家和禪者早已了解到在內心清淨時大腦所處的狀態，以及如何啟動這種大腦狀態。這些重要的發現使我們更能掌控自己的心，並運用這種掌控力減少苦惱或矯正功能失常、增進健康並支持心靈修行，這些都是所謂**覺醒的道路**的關鍵功能。本書的目的是運用大腦科學，幫助人們在這條路上走得更遠且更穩；沒有一本書能告訴我們佛陀的腦到底是什麼樣子，但只要我們更了解在這條道路上已走了很長一段路的人，他們的心和腦是怎麼樣，便可以像他們一般，在心和腦中發展出更多喜悅、關懷及智慧的特質。

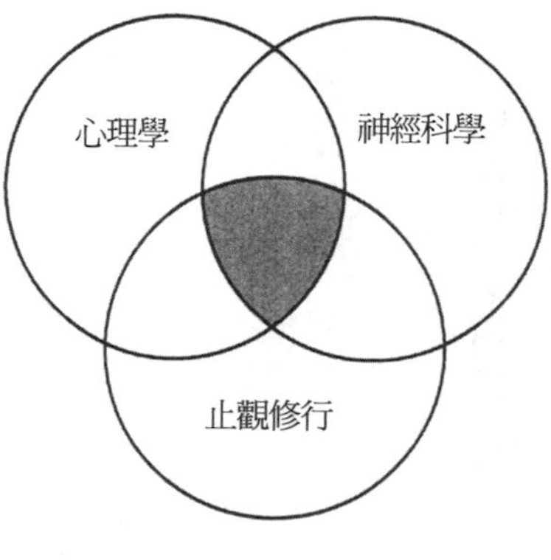

圖一　三種領域交集

科學史中，在不同情況下追求新真理而發展出的兩種技巧、兩套思維相互碰觸後，往往結出豐碩的果實。

——羅伯・奧本海默（J. Robert Oppenheimer）

覺醒的大腦

理查和我都相信，在心、意識與覺醒道路之外，冥冥中仍有其他，我們可稱之為上帝、靈、佛性，或根本無以名之的事物。無論那是什麼，它在定義上本就超越物理宇宙，與其試圖用任何方式去證明，不如和科學精神一樣，尊重那也是一種可能性。

前面提到，越來越多的研究結果顯示出心有多依賴大腦。舉例來說，童年時不僅大腦會發展，心也有所發展；如果大腦受損，心也跟著受損；一旦大腦化學物質稍加改變，情緒、專注力和記憶也隨之改變；有實驗顯示，若使用強力的磁鐵壓抑情緒處理的邊緣系統（emotion-processing limbic system），將會改變人們的道德判斷；甚至有些心靈體驗也與神經活動一致。

心的凡俗層面，需要依賴大腦的物理作用，有意識或無意識的心的活動，都對應著某個神經系統的運作，好比電腦螢幕上出現的日落美景，對應著硬碟上所儲存的各種電磁訊號。撇開超乎常人的案例不提，大腦是心的必要及近乎充分條件，而它之所以只是**近乎**充分條件，那是因為大腦棲身於生物及文化這個更廣大的因果網絡中，同時也受到心的影響。

當然，目前還沒有人知道大腦到底**如何**影響心，或者如同丹尼爾・席格所提出的：心如何利用大腦再創造心？有人說科學界還剩下三個大哉問，分別是：什麼引起大爆炸？什麼是能合併量子力學及一般相對論的大統一理論？以及心和腦到底有什麼關係，尤其是對有意識的經驗而言？最後一個問題之所以與前兩者相提並論，是因為它同樣難以回答，而且同等重要。

打個比方來說，在哥白尼之後，大部分知識分子都接受地球繞著太陽運行的說法，但沒有人知道實際上這是如何發生的，直到大約一百五十年後，牛頓提出萬有引力定理，開始解釋地球如何繞著太陽公轉；又過了兩百多年，愛因斯坦藉由廣義相對論改進了牛頓的解釋。或許還需要三百五十年或者更久，我們才能完全了解大腦和心的關係，但目前有個可行的假設是：**心是大腦的作用**。

由此說來，覺醒的心意謂著覺醒的大腦。歷史上，許多默默無名的男女和偉大的老師都擁有非凡的大腦狀態，因而培育出非凡的心之狀態，例如，當藏傳佛教的資深修行者進入甚深禪定時，會產生非常有力且無孔不入的伽瑪波，並在極大片的神經區域中，每秒和諧同步脈動三十到八十次，整合並統一了大量的心的區域。在本書中，我們一方面向超越凡俗的境界深深敬禮，一方面進入西方科學的框架中，看看現代神經心理學在了解止觀修行後，提供何種有效的方法讓我們獲得更多快樂、愛和智慧的體驗。

在那之前，我們必須知道，這些方法並不能取代傳統的心靈修行，我們並不需要腦電波儀或具有神經科學博士的背景，才能觀察自己的體驗和世界，並變成更快樂、更慈悲的人；但知道如何改進自己的大腦不是很好嗎?尤其是對沒有時間從事密集修行（例如一天二十四小時，一週七天都在道場精進禪修）的人來說，更是如此。

受苦的原因

生命中固然有許多快樂和喜悅，但也有不少不安與悲傷，這些都是動物（包括我們）為傳遞基因而演化出來的三個策略所造成的不幸副作用。純就生存面向而言，這些策略太好了，但它們同時也會產生痛苦（下面兩章會深入探討），總之，策略一旦不管用，一股不安、甚至是揪心痛苦的警告訊號立刻啟動，並傳達至全身的神經系統，將動物拉回原來的狀態。但每個策略本身就有內在的矛盾性，每當動物嘗試採取下列的行動，麻煩就上身了：

- 將原本相連的事物硬生生分隔開來，以便在物我之間界定邊界。
- 努力使原本不斷改變的事物變成穩定不變，並將自身系統的波動降至最低。
- 抓住稍縱即逝的享樂，逃避不可避免的痛苦，藉此找尋機會，避免威脅。

大部分的動物並沒有很複雜的神經系統，所以這些策略的警訊並不會化為重大的苦惱，但人類的大腦由於高度發展，因此成為大量繁衍痛苦的沃土。只有人類會操心未來，懊悔過去，為現在而自責；只有人類會在得不到時沮喪，在喜歡的事物結束或離去時感到失望。人類為所受的苦而痛苦、對身體的痛苦生氣、對死亡憤怒、一覺醒來為又要面對新的一天感覺悲哀而悲哀，但這些痛苦——包括大部分的不快樂和不安適——都是由大腦建構出來，完全是人為造成的。明白這點會讓我們感到非常反諷也非常尖銳，但同時也讓人滿懷希望。因為，如果大腦是受苦的原因，它也可以成為治療受苦的靈藥。

戒、定、慧

兩千多年前，一位叫悉達多的年輕人——當時他尚未證悟，還沒被稱為覺者（Buddha）

——花了許多年訓練心，也就是訓練大腦。在覺醒的那天夜裡，他深深洞見內心（心反映並顯示出大腦內在的活動），看到了受苦的原因以及從痛苦到解脫的道路，於是在其後四十年中，他的足跡遍及整個北印度，教導所有願意聽他說法的人如何：

- 熄滅貪婪和瞋怒的火，統合地生活。
- 讓心穩定並且專注，藉以洞察心的無明。
- 發展解脫的智慧。

簡而言之，他教導的是戒、定、慧，這是佛教修行的三大支柱，同時也是日常幸福、心理成長，以及心靈覺悟的源泉。

所謂的戒，是節制行為、言語及思想，來利益而非傷害自己與他人。在大腦裡，「戒」利用前額葉皮質（prefrontal cortex, PFC）由上至下運作，「前額葉」意謂著大腦最前面的部分，它位於額頭後上方，「皮質」則是大腦的外層（其拉丁字根為bark，亦即樹皮）。「戒」同時依賴副交感神經系統（parasympathetic nervous system）從下而上的鎮定作用，以及邊緣系統（limbic system）的正向情緒。本書將在第五章介紹如何運用這些系統的回路，並進一步探究人際關係中的「戒」，因為它的難度往往最高，然後介紹如何在這個基礎上建立充滿同理心、慈悲心和愛的大腦狀態（詳情請見第八、九、十章）。

定，是指對內在與外在世界巧妙運用專注力。大腦主要從我們所注意的焦點來學習，「定」是攝入美好經驗的入口，並使美好經驗成為身心的一部分，我們會在第四章探討如何修「定」，並在第十一、十二章探索如何活化「定」的大腦狀態，包括甚深的禪定。

慧是正確地應用判斷力，這可以透過兩個步驟來鍛鍊。首先，理解什麼有害、什麼有益，換言之，也就是受苦的原因和結束痛苦的道路（本書第二、三章的主題）；再來，根據這些理解放下有害的，強化有益的（第六、七章）。如此過了一段時間後，我們會感覺與萬事萬物更緊密連結，更能平靜面對事情的變化與結束，也更能在遇見快樂和痛苦時不至於想抓住這個，卻與另外一個格鬥。最後，第十三章介紹的也許是智慧最迷人和最微細的挑戰之處，也就是認同一個與世界隔離又非常容易受傷的「自我」，會有什麼樣的感受。

節制、學習、選擇

戒、定、慧由三種大腦的基本功能來支持，分別是節制、學習與選擇。大腦會適時利用刺激或抑制活動，也可以說是綠燈或紅燈，來節制本身和其他身體系統；大腦的學習是靠著形成新的大腦回路，並強化或弱化現有的回路；大腦會選出以前學過且應該保留的經驗，例如一隻蚯蚓可以訓練成只走某條特定的路徑，以免遭受電擊。

這三種作用在所有神經系統層次上運作，從突觸尖端錯綜複雜的分子舞蹈，到整個大腦整合控制、競爭、分辨等功能，而且在重要的心的活動中都有這三種功能。

戒、定、慧中每個修行的支柱都密切對應這三種基本的神經作用之一，「戒」非常依賴節制，兩者都刺激正面傾向，抑制負面傾向；「定」引發新的學習，因為專注力會形塑神經回路，並利用過去的學習來發展更穩定而專注的覺知；而「慧」就是做選擇，例如為了更遠大的快樂而放下較微小的快樂。因此若想在心中發展戒、定、慧，必須仰賴改進腦中的節制、學習、選擇。一旦強化這三種神經功能，三大修行的支柱也就加強了。

馴服其心

若要走上覺醒的道路，必須從當下立足之處出發，然後投入時間、努力及技巧，使戒、定、慧皆逐漸強化，如此我們會感覺更快樂，也更有慈悲心。有些傳承說此一過程揭露了始終存在的真實本質，其他傳承則說它是心身轉化，當然，在覺醒道路上，這兩種層面是相互馳援的。

一方面，對關卡重重的心理成長及心靈修行而言，我們真實的本質既是依歸，也是能力，凡是走向內心最深處的人，亦即各種宗教傳承中的聖人，都訴說著同樣的真理：我們的本質是純淨、自覺、平靜、慈悲、充滿愛、智慧，而且還有一個神祕的終極實相（無論我們如何稱呼它）。雖然真實本質可能暫時被壓力、操心、憤怒或沒有實現的願望淹沒，但它一直存在著，只要領悟到這一點，一定會讓我們安下心來。

另一方面，由身心的修行，培養出善（並根除不善）的特質是每一個心理與心靈發展道路的關鍵。藏傳佛教指出，對真實本質而言，即使說修行是「斷障」，也就是清除真實本質之上的障礙，這仍將是一個不斷訓練、淨化和轉化的漸進過程。說來弔詭，我們竟需要花費心力，才能變成我們早已是的面目！

無論是哪一種情形，這些心的改變，都可以揭露與生俱來的純淨，並培養善的特質，而且也都反應出大腦的改變。當我們越理解大腦的運作和變化——例如大腦是被情緒挾持還是保持平靜的戒德，是產生散亂還是培養專注，是做出傷人的決定還是睿智的選擇——就越能掌控大腦，同時也越能掌控心；我們會更易於培養更多幸福、愛和智慧，並幫助自己在覺醒的道路上盡可能的走得更遠。

與自己同一陣線

我們越能掌控一個人，也就越有義務運用這些力量來利益他，這是一般性的道德原則，而我們在世界上最能控制的人是誰？就是未來的自己！我們手中掌控了生命，它會變成什麼模樣，完全視我們如何照顧它。

有一個體驗，對我的生命帶來關鍵性的影響。六歲時，我在感恩節前後的某天晚上，站在我家對面的玉米田邊緣，望著黑色土壤上的車輪痕跡，裡面積滿了最近落下的雨水，而遠方的山丘上閃爍著細小的光點。我內心感到安靜而清明，同時對家中那晚的不愉快氣氛感到難過，接著，突然有個強而有力的念頭出現：我得靠自己，不能靠別人，來想辦法走向那些遠方光點，以及它們所代表的可能的快樂。

那一刻深深印在我心中，它教我能掌控什麼，不能掌控什麼。我們不可能改變過去或現在，只能如實接受既成的一切，但我們能創造因緣，塑造更光明的未來，而我們需要做的，大多都是非常微小的事，例如在氣氛緊繃的會議中深吸一口氣，讓自己接著非得深呼一口氣不可，藉此活化可以令人鎮靜的副交感神經系統；或者一想起不快的遭遇，便回憶與愛我們的人同在的感覺，這會在不快的記憶中逐漸灌注正面的感受；又或者透過刻意延長快樂的感受來穩住心，這麼做會增加名為多巴胺（dopamine）的神經傳導物質，幫助我們專注於眼前的事物。

這些小小的行動一旦累積了一段時間，就會發生作用，而每天的日常活動都包含徹底改變大腦的機會，個人成長和心靈修行當然也是，我們真的具有這種力量！這多麼美好，因為世界充滿許多我們不能掌控的力量，一滴雨雖不足以成大事，但若有足夠的雨滴加上足夠的時間，一樣能滴水穿石，鑿出宏偉的大峽谷。

然而要採取這些步驟，我們必須與自己站在同一陣線。這在剛開始不太容易，因為大多數人對自己並不像對別人那樣仁慈，若想與自己站在同一陣線，最好給自己一個很棒的理由，那就是「這都是為了改善我的大腦」。我們可以這麼想：

- 我曾是個幼小的孩子，就像其他人一樣有資格受到照顧。我能把自己當成一個孩子嗎？如果可以，難道我不會祝福這個可愛的小孩？即使今天我已長大成人也一樣，別人是人，我也是人，同樣有資格享有快樂、愛與智慧。
- 只要我們在覺醒道路上前進，工作和人際關係便會更理想。想想看，要是我們變得更幽默、更有熱忱、更具領悟力，其他人也可以從中受益。敦促自己的進步並不自私，而是送給他人最棒的禮物。

世界如在刀鋒邊緣

也許最重要的是，讓我們想像自己的成長就像漣漪一般擴散，不知不覺卻真真實實的利益了這個充滿貪婪、癡迷、恐懼與憤怒的世界。眼前的世界有如處於刀鋒邊緣，隨時可能翻向任何一邊。一方面，民主化毋庸置疑地越來越普及，與此同時也出現更多的草根性民間組織，人們更加了解「地球村」相互依存的關係有多麼脆弱；但另外一方面，地球的溫度逐漸上升，軍事科技發展出更致命的武器，而有十億人口每天晚上餓著肚子入睡。

這個歷史性的時刻既是危機也是轉機，我們需要自然資源和科技資源把我們從**既成事實**的邊緣拉回來，如今重點並不在於缺乏資源，而是人類缺乏意志與節制、注意不到真正發生了什麼事，並且為謀自利而喪失智慧的判斷，換句話說，即是缺少戒、定、慧。

一旦我們和他人越善於運用心，並因此越善於運用腦，便可以幫助這個世界翻向一個更美好的未來。

重點提要

✽心的運作可以改變腦，這種改變可能是暫時的，也可能是永久的。神經元一起激發訊號，也一起串聯。腦的運作可以改變心，因為腦和心是單一而整合的系統。

✽因此，我們可以用心來改變腦，再回過頭來有利於心，並有利於我們所接觸的一切生命。

✽修行甚深的禪者是心的「奧林匹克選手」，若我們向他們學習如何訓練心（因此也訓練腦），就會知道如何變得更快樂、更愛人、更有智慧。

✽大腦為了生存而進化，但大腦的三個主要生存策略也使我們受苦。

✽戒、定、慧是日常幸福、個人成長與心靈修行的三大支柱，它們使用節制、學習及選擇這三個基本的神經功能。

✽覺醒道路指的是轉化心／腦，並揭露一直存在的真實本質。

✽每天一點點小的正向行動，在一段時間之後會累積成巨大的改變，因為我們逐漸建立了新的神經結構。若要堅持下去，我們必須與自己站在同一陣線上。

✽若有更多人的大腦都更趨向於善，世界將會朝更美好的方向發展。

第2部

受苦的原因

受苦是貪愛表現在貪、瞋、癡三毒上的結果。貪，是追逐胡蘿蔔；瞋，是排斥棍子，兩者都渴求快樂多一點、痛苦少一點；癡，則是我們對事物的實相一無所知，卻仍執著於那份無知。有些生理和心理的不安適無可避免，這些是生命中的「第一支箭」，而當我們以貪瞋癡三毒來回應，便開始朝自己與他人射出「第二支箭」。

第二章
痛苦的演化

生物學除知道了演化，其他都沒有意義。

——狄奧多西・多布贊斯基（Theodosius Dobzhansky，生物演化學家）

生命充滿美好的事物，但也有艱困之處，環顧周遭，有許多人顯得緊張、煩惱、失望與憂慮重重，而我們很清楚自己也會沮喪和悲傷。生活的痛苦從極幽微的孤獨與沮喪，到中度的壓力、受傷及憤怒，再到強烈的創傷與痛苦，這種種一切都是本書所指的受苦。有許多痛苦雖然輕微，卻長期持續著，例如焦慮、不安，以及缺少成就感，我們當然希望它們越少出現越好，取而代之的是更多的滿足、愛與平靜。

我們需要了解事情的成因，才能改善問題，這是為何偉大的醫生、心理學家與心靈導師之所以都是診斷大師。舉例來說，佛陀在「四聖諦」中找出病（苦），診斷出病因（貪愛，也就是強烈想要某種東西的欲望），然後詳盡說明治癒的狀態（從貪愛中解脫出來），並開立處方「八正道」。

本章根據進化過程來檢視痛苦，以便診斷大腦中痛苦的來源，一旦理解為什麼會感覺緊張、微慍、麻煩上身、走投無路、憂鬱、感到不足，這些感覺就沒有那麼大的力量可以控制我們。理解的本身便能產生一些緩解效用，幫助我們更善於運用本書其他部分所介紹的「處方」。

進化中的大腦

● 地球上的生命始於三兆五千億年前，而多細胞動物於六億五千萬年前出現（感冒時，請記得微生物已經出現三兆年了），最早一隻海蜇差不多出現於六億年前，之後出現的動物其生理結構越來越複雜，加上感覺與運動系統需要互相交流，因此神經出現了。動物在演化時，神經系統也跟著進化，慢慢發展出大腦這個中央總部。

● 進化是在現存的能力上發展，按照神經學家保羅・麥克林（Paul MacLean）所說的爬行動物、舊哺乳動物、新哺乳動物的發展層次，我們可以在自己的腦部看見生命的進展（請見圖二，並注意所有的圖並不完全精確，只為示意用）。

●大腦皮質組織的發展比較晚，它複雜、能處理抽象概念、緩慢且激發分散，位於皮質下層

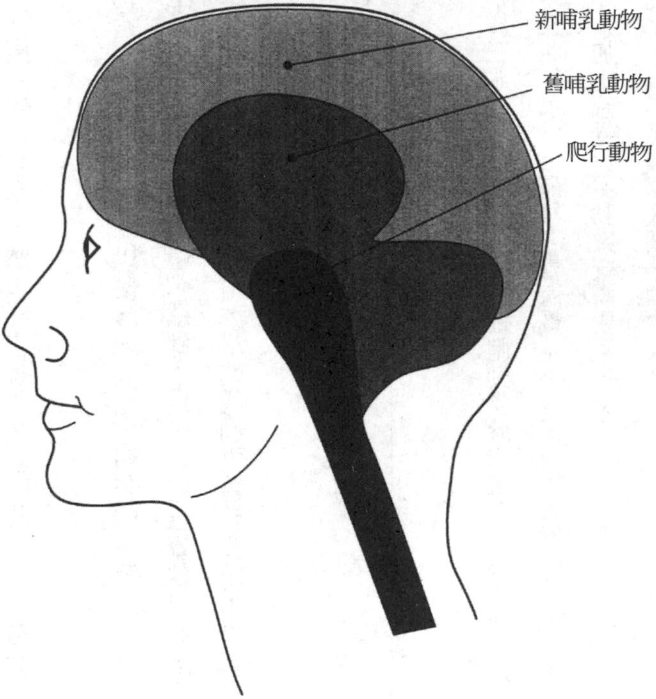

圖二　進化中的大腦

（subcortical，在大腦中央，皮層之下，腦幹之上）結構和腦幹（brain-stem，大略對應於「爬行動物的腦」，見圖二）結構的上面。皮質下層和腦幹結構是古老的、簡化、能處理具體事物、反應快速且激發強烈，在每一天，我們都有一部分蜥蜴—松鼠—猿猴式的大腦，由下而上操控我們的反應。

● 然而，較晚發展的皮質對大腦其他部分影響很大，由於進化壓力使然，我們對當父母（或養育子女）、親密關係、溝通、合作和愛的能力，它正是被此種進化壓力所形塑。

● 皮質分為兩個「半球」，由胼胝體（corpus callosum）連結，當我們進化時，（對大多數人而言）大腦左半球專門處理序列及語言，右半球則專門處理整體與視覺—空間的處理，當然，大腦裡的兩個半球合作密切，許多神經結構也是雙份的，每個腦半球都有一套，不過，一般習慣上說到某一結構時都使用單數（例如海馬迴，而非一對海馬迴）。

三種生存策略

人類的祖先經過好幾億年的進化，發展出三種基本的生存策略：

(1) 製造區隔：以便在自己和世界之間，以及一個內心狀態和另一個內心狀態之間形成界限。

(2) 維持穩定：以便保持生理與心理系統的健康平衡。

(3) 追逐機會並避免危險：以便獲取延續後代的資源，並逃避或抗拒有違此目的的事情。

這些策略確實保障了人類的生存，但大自然才不管人們**感覺**如何，為了讓動物和人類遵從這些策略並傳遞基因，神經網絡在某種情況下（例如分隔後開始瓦解、穩定後開始動搖、機會不如預期、威脅逼迫心頭時）演化成會產生痛苦和悲傷。不幸的是，以上三種情況經常發生，因為：

- 每件事物都相互連結。
- 每件事物都不斷變化。
- 機會往往不見得能實現，或者不再光鮮引人，而許多威脅更是無可避免，例如老去與死亡。

現在，讓我們來看看自己為何因而受苦。

並非如此分隔獨立

大腦的頂葉（parietal lobes）位於頭部的後上方（「葉」是一個皮質的圓形突出物），對大部分人而言，左頂葉告訴我們身體和世界是分隔的，右頂葉則比較周圍環境的特點，辨識我們身於何處。於是我們綜合兩者，自動產生一個最基礎的假設：**我有別於一切，而且是獨立的**。雖然從某種意義來說這也沒錯，但在眾多關鍵之處卻不然。

並非如此截然不同

有機體必須透過新陳代謝才能活著，它必須和環境交換物質和能量，因此一年下來，我們身體中的許多原子都換成新的，而喝水所用的能量，是從陽光一路上溯食物鏈才到達我們這裡——所以真實的情況可以說是，光線將杯子移到我們的嘴邊。在身體和世界之間那堵明顯的牆，其實更像稀疏的欄柵。

在心和世界之間，就像人行道上畫下的一條線。從我們出生的那一刻起，語言和文化便進入並建構我們的心，同理心和愛使我們自然與他人相處和諧，並讓我們的心與他人的心產生共鳴。當我們影響別人時，這些心的活動是雙向流動的。然而在我們的內心，根本沒有任何界線，所有心的內容物都互相流動，身體覺受轉變成思想、感受、欲求、行動，以及更多的身體覺受，意識之流與稍縱即逝的神經聚集（neural assemblies）的連鎖作用是一致的，往往在一秒鐘內，每個聚集便打散變成另一個。

並非如此獨存

我在這裡，是因為塞爾維亞國家主義者暗殺了費迪南大公爵，催化第一次世界大戰發生，結果又在一九四四年某次極不可思議的機會下，促成我母親和父親在陸軍舞會中結識。今天某某人為何會在這裡？當然有成千上萬種理由，而我們可以追溯多遠呢？我的兒子出生時臍帶繞頸，他之所以活下來，是因為幾百年來醫學科技的進步。

但我們還可以上溯到更久遠之前：身體中大部分的原子（包括肺中的氧原子和血液中的鐵原子）是從一個星球內部產生的。在早期的宇宙中，氫是唯一的元素，星球是巨大的核熔合反應器，它將氫原子集合並製造出更重的元素，而且在過程中釋放出巨大的能量，讓新生的星球將內部物質噴射得既遠又廣，而太陽系大約是在宇宙成形後的九十億年開始出現。正因為有足夠的大原子，才創造出我們的星球，創造了捧著這本書的手，也創造了能夠了解這些文字的大腦。我們能在這裡確實是因為過去有許多星球爆炸，星塵構成了我們的身體。

而我們的心也依靠眾多前因而存在。想想由眾多觀點、性格及感情所形成的生命故事和人物，想像一下，若我們出生時被人調換，送給肯亞一個窮苦的小店老闆撫養，或者被德克薩斯州富有的石油商家庭養育，今天我們的心會多麼不一樣？

分隔的痛苦

由於每個人都和世界相互連結且相互依存，我們想分隔和獨立的意向常無法達成，因此便收到擾動與威脅的痛苦訊號，再加上即使我們的努力暫時成功了，它們還是會導致痛苦。只要我們認為這個世界「與我無關」，就會覺得什麼都不安全，也會感到恐懼或抗拒；一旦認為「我的身體和世界是分隔的」這身體的脆弱就變成我們自己的，只要覺得體重太重或長得不好看，我們就受苦了，更別說當身體受到疾病、老年與死亡威脅時，我們也必定跟著受苦。

並非如此永恆

身體、大腦和心包含著無數的系統，這些系統必須維持一個健康的平衡，然而持續不斷改變的狀況打亂了這些系統，產生種種危險、痛苦及苦惱的訊號——一言以蔽之，就是受苦。

動態改變的系統

我們可以用釋放血清素（serotonin）的單一神經元來想像（請見圖三與圖四）。這些微小的神經元是神經系統的一部分，它們本身同時也是一個複雜的系統，需要多種附屬系統一起運作。當它激發訊號時，位於軸突末端的許多分岔鬚絲（tendrils）會排出一串分子進入突觸，也就是連結，而突觸是神經元與其他神經元一起創造的。每一個鬚絲大約包含兩百個稱為囊泡（vesicles）的小水泡，其中充滿了血清素這種神經傳導物質，每次神經元激發時，有五個到十個囊泡會裂開，並由於典型的神經元每秒鐘激發十次，因此每個鬚絲的血清素囊泡，只要每幾秒鐘便空掉一次。

由於這個緣故，忙碌的小小分子機器不是製造新的血清素，就是重新回收散在神經元周圍浮動的血清素，然後它們需要形成囊泡並用血清素填滿，並移動到鬚絲末端的地方。這樣一來，便需要許多過程來保持平衡，而其中有不少可能出錯之處，然而，血清素的新陳代謝，只不過是身體裡上千個系統的其中一個。

典型的神經元

- 神經元是神經系統的基本構成元素，主要的功用是透過突觸的微小連接點，來彼此交流溝通。神經元有許多種類，但基本的組成頗為相似。
- 細胞體上伸出的分岔絲狀物稱之為鬚絲，它從其他神經元接收神經傳導物質（有的神經元則由電脈衝直接彼此交流）。
- 簡單來說，神經元綜合一毫秒、一毫秒所接收到的刺激或抑制訊號，決定激發與否。
- 當神經元激發時，一種電化波如漣漪般傳到軸突，軸突的纖維向著它要傳送訊號的神經元對象延伸，釋放出神經傳導物質到突觸中，而對接收神經元做出抑制或刺激激發的反應。
- 神經訊號會被髓磷脂（myelin）加速，這是一種把軸突包裹起來的脂肪物質。

● 大腦灰質多半由神經元的細胞體所組成，此外還有由軸突及神經膠質細胞（glial cells）組成的白質。神經膠質細胞能執行新陳代謝支援功能，例如用髓磷脂將軸突包裹起來，或者神經傳導物質的再利用；神經元細胞體就像一千億個開關，被腦袋內網絡錯綜複雜的軸突「串聯」連接起來。

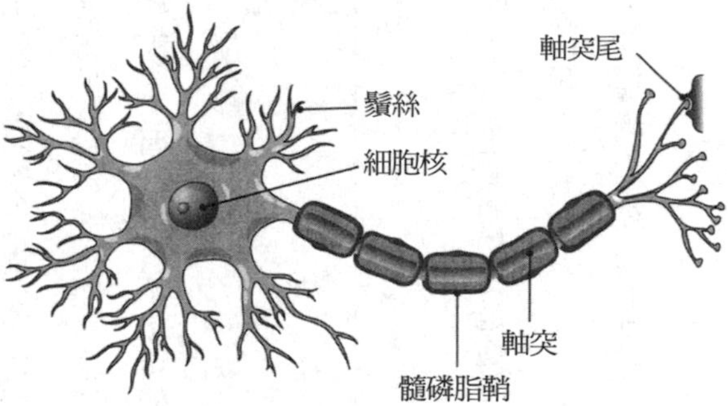

圖三　經過簡化的神經元示意圖

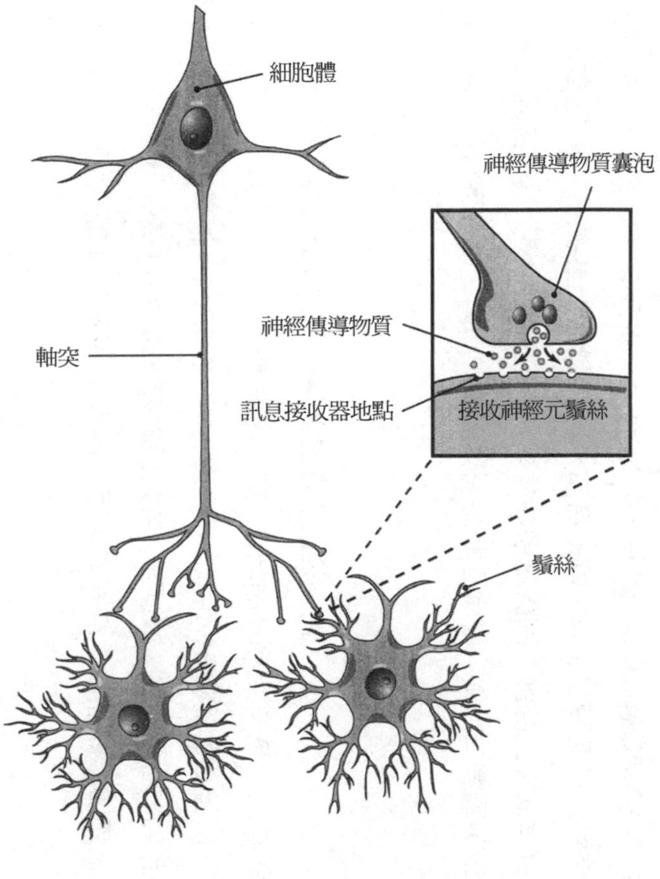

圖四　突觸的放大示意圖

維持平衡的挑戰

身心的系統必須在兩個互相衝突的需要之間維持平衡，方能維持健康。一方面，它必須在與在地環境持續的交換中，對輸入保持開放性，因為封閉的系統便是死的系統。另一方面，每個系統都必須保持基本的穩定，在一個合理定點及某種變動範圍之內不太熱也不太冷，例如前額葉皮質的抑制作用必須和邊緣系統的激發作用彼此平衡，若抑制太過會讓我們覺得內在麻木，但要是過於激發，又會讓我們覺得招架不住。

威脅訊號

為了保持每個系統的平衡，感受器會記錄下自身的狀態，有如自動調溫器內的溫度計一般，在系統超出範圍時將訊號送到調節器，以恢復平衡穩定（就像把火爐打開或關掉）。大多數時候，這種調節作用在我們的覺知之外，但如果修正動作的訊號太重要便會浮上意識，例如如果身體太冷，我們會覺得像被冷凍起來，若是太熱，又會覺得像被火烘烤。

這些意識層面所感受到的訊號令人不快，一部分也是因為它意帶威脅，畢竟它得在狀況發展到無法挽救之前，呼喚系統趕緊恢復平衡。這些呼喚可能很柔和，只是讓我們稍感不安，也可能大聲到帶有警示意味，甚至讓我們無比恐慌。無論是哪一種，它都會動員大腦全力恢復到平衡的狀態，而動員的行動通常伴隨貪愛的感受，從默默盼望到死命追求都有。有趣的是，貪愛的巴利文（早期佛教的語言）「tanha」的字根是渴，「渴」一詞傳達了威脅訊號的生命力量，雖然某些威脅並沒有生命危險，例如遭受他人拒絕時。由於威脅訊號令人不快，因此非常有效，因為它們令我們受苦，不管是小苦還是大苦，我們都希望它們馬上停止。

事物不斷改變

有時候，只要每一個系統都處於平衡狀態，威脅訊號就會暫停一陣子；但是這個世界不停變動，我們的身、心、人際關係都不停受到打擾，因此生命系統的調節器從底層的分子到頂端的人際關係，都必須不斷努力地在與生俱來的不穩定過程中強行加入靜態秩序。

想想看物質世界的無常，例如從量子粒子的易變，到太陽有天會漲大成紅巨星並吞噬地球，或者想想看我們神經系統的擾動不休，像是在前額葉皮質中支持意識的區域，每秒鐘便會更新五到八次。每一個心念的狀態，都帶有神經系統的不穩定性。舉例來說，每個念頭的生起都會短暫截取一段神經訊號流，造成一群突觸集結一處，之後又很快各自散開成無序的狀態，好讓下一個念頭生起，我們可以藉由觀察呼吸一次，體驗身體覺受如何在生起後立刻改變、擴散與消失。

每件事物都在改變，這是外在現實與內在體驗的普世本質，因此只要活著，平衡終不可求，但大腦為幫助我們生存，不斷意圖阻斷如河之流，奮力馴服動態系統，在多變的世界求其不變，在更迭中建構永恆，也因此大腦永遠在追逐剛剛過去的一刻，試著去了解並控制它。我們如同住在瀑布邊緣，瀑布時時刻刻沖刷著我們，但水流僅僅且往往沖刷一下就衝過瀑布邊緣，再也不見，可惜大腦卻永遠想緊緊抓住剛剛洶湧水流經過的那一刻。

並非如此愉悅或痛苦

我們的動物祖先為了傳遞基因，每天必須多次正確選擇追逐或走避某事，而今日，人類仍在追求或避免一些心的狀態與物質目標，例如我們會追求自我價值、推拒羞恥的感覺。然而，人類雖已複雜得多，但追求與避免所利用到的神經回路，仍和猴子找尋香蕉或蜥蜴躲在大石頭後面是一樣的。

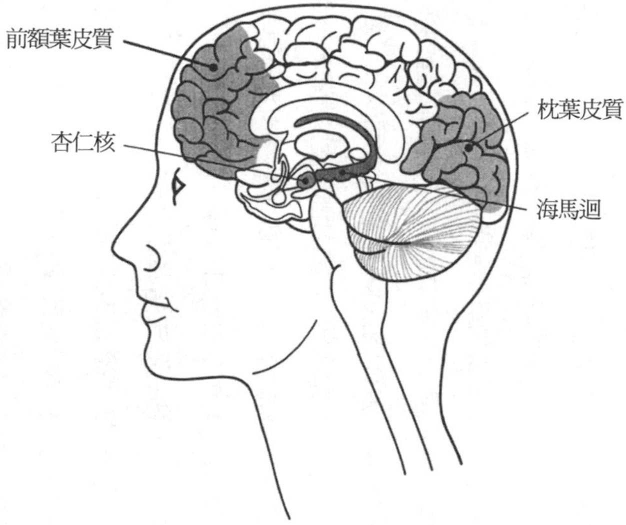

圖五　當我們看見潛在的危險或契機

經驗的「受」

大腦如何決定應該追求還是避開某事？假設我們正在森林裡沿著彎路前行，突然間看見前面不遠處有個彎彎曲曲的物體，此時若將複雜的系統簡化說明，就會變成這樣：在前幾個十分之一秒之間，射向彎曲物體的光線送到枕葉皮質（occipital cortex，處理視覺訊息之處）處理成有意義的影像（見圖五）。枕葉皮質會將這個影像的表徵送往兩個地方：一處是送到海馬迴，由它來評估是潛在的危險還是契機；另一處是送到前額葉皮質與腦部其他部分，來處理較複雜而且較花時間的分析。

為避免萬一，海馬迴立刻將這個影像與「走為上策」的危險名單加以比較，很快就發現彎曲的形狀正在危險名單上，於是送出高優先順序的警告給杏仁核（amygdala），杏仁核一如警報般立刻傳出脈波到整個大腦，送出全面警告，同時將一個訊號快馬加鞭地送給掌管「或戰或走」的神經與荷爾蒙系統。第三章會探討更多「或戰或逃」連鎖反應的細節，此處的重點在於，當我們判斷那彎曲的物體一秒鐘左右後，就會警戒地跳開。

與此同時，強而有力但比較緩慢的前額葉皮質從長期記憶中取出訊息，試圖弄清楚那要命的東西是蛇還是樹枝。幾秒鐘過去，前額葉皮質針對那物體無法移動的特性，加上前面幾個人走過去都沒說什麼，於是做出結論：那不過是根樹枝。

在整個過程中，我們體驗的每件事不是感覺到愉悅，就是不愉悅，要不就是中性。起先我們在森林小徑上漫步，入眼盡是中性或愉悅的景象，然而一旦發現可能有蛇，就不愉悅了，直到我們知道那不過是根樹枝，這才鬆了一口氣。無論它是愉悅的、不愉悅或是中性的，這些經驗的角度在佛教裡都稱為「受」（feeling tone）[8]，在西方心理學則稱之為「快樂情調」（hedonic tone）。「受」主要是杏仁核製造出來的，它簡單而有效地告訴整個大腦在每一刻該怎麼做：是去追逐快樂的胡蘿蔔，還是避開不快樂的棍子，其他便事不關己了。

關鍵的神經化學物質

大腦中有一些影響神經活動的主要化學物質，它們有許多作用，在此特別列出與本書有關係的幾項。

主要的神經傳導物質

- 麩胺酸鹽（Glutamate）：刺激接收神經元
- 伽馬胺基丁酸（GABA）：抑制接收神經元

神經調節物質

以下這些「基原」有時候也被稱為神經傳導物質，它們影響以上的主要神經傳導物質。由於它們在腦中廣泛地釋放，因此影響頗大。

- 血清素（Serotonin）：調節情緒、睡眠、消化，大部分的抗憂鬱藥都是在增強它的效

8 譯註：佛陀對「受」的教法甚多，本書所討論的愉悅、不愉悅、中性的受，亦即樂受、苦受、不苦不樂受（捨受），見《雜阿含經》四七〇經：「爾時，世尊告諸比丘：『愚癡無聞凡夫生苦受、樂受、不苦不樂受，多聞聖弟子，亦生苦受、樂受、不苦不樂受，諸比丘！凡夫、聖人有何差別？』」

力。

- 多巴胺（Dopamine）：與獎賞及注意力有關，會促進追求的行為。
- 正腎上腺素（Norepinephrine）：警覺與喚醒。
- 乙醯膽鹼素（Acetylcholine）：促進醒覺及學習。

●**神經肽（Neuropeptides）**

這些神經調節物質是由肽（peptides）組成的，肽是一種特殊的有機分子。

- 內阿片肽（Opioids，或稱為類鴉片物質）：緩衝壓力、提供安慰並減低痛苦，同時產生快樂（例如跑步者的愉悅感），其中包括內啡肽（endorphins）。
- 催產素（Oxytocin）：加強培育對兒童與伴侶之間密切結合的行為，與喜悅的親密及愛有關，而女性的催產素比男性多。
- 增壓素（Vasopressin）：支持伴侶的結合，但也可能讓男性攻擊情敵。

●**其他神經化學物質**

- 皮質醇（Cortisol）：在壓力反應時從腎上腺素釋放，刺激杏仁核並抑制海馬迴。
- 雌激素（Estrogen）：男女的大腦都有雌激素接收器，它影響性慾、情緒及記憶。

追逐胡蘿蔔

有兩套主要的神經系統使我們追逐胡蘿蔔，一套系統是奠基神經傳導物質多巴胺，在碰到與過去的獎賞有關的事情時，釋放多巴胺的神經元會更活躍，例如好幾個月沒見面的好友突然捎來了消息；而當未來有獎賞時，神經元也會加速，例如朋友說想請我們去吃午餐。這些神經活動在我們的內心激起了欲望，讓我們想回電給她，當我們真的去吃午餐時，大腦中的扣帶皮質（cingulated cortex，手指大小，位於每一個腦半球的內部邊緣）會追蹤這是否真的是我們所預期的獎賞。一旦確認和朋友在一起很愉快，食物也很美味，多巴胺濃度就會很穩定，但如果因為朋友心情不好等而感到失望，扣帶皮質就會送出訊號降低多巴胺的濃度。多巴胺減低代表在主觀意識中遭遇不愉快的感受、一種不滿意與不滿足的感覺，這會刺激我們渴求（廣義而言）某事以恢復原有的濃度。

第二個系統以其他幾個神經調節物質為基礎，是快樂感受的生化來源。快樂感受是此刻或預期的生命中的胡蘿蔔，當這「愉快的化學物質」，也就是自然的內阿片肽（包括內啡肽）、催產素、正腎上腺素洶湧而至突觸，會強化已經活躍的神經回路，使它們未來更容易一起激發。舉例來說，就像一個蹣跚學步的小孩想用湯匙吃一口布丁，接連幾次無法把布丁順利送進嘴裡之後，他的知覺——運動神經元終於弄對了，於是快樂的化學物質湧出，這種物質連接突觸連結並讓他做出精確動作，最後終於將布丁送入口中。

基本上，這種追求愉悅的系統突顯出觸發它的來源，並推動我們一再追求相同的獎賞，若成功獲得獎賞，它就再次強化成功（獲得某件事物）的行為。它也常和以多巴胺為基礎的系統攜手合作，例如解渴的感覺很好，因為低多巴胺所造成的不滿足感消失了，而那種在大熱天時喝冰水的愉快化學物質所產生的喜悅也推門而入。

追求是受苦

這兩套神經系統對生存而言非常重要，除此之外，還可以用來追求和基因無關的正向目標，例如我們若想鼓勵自己繼續做有益健康的事（像是運動），就可以多留意它們所帶來的獎賞，比如感受到活力與力量。

然而不幸的是，在追求愉悅的同時也讓我們受苦，因為：

- 渴望的本身就是一個不愉快的經驗，甚至連溫和的嚮往也帶有細微的不安適感。
- 當我們得不到想要的，很自然會覺得沮喪、失望、挫折，甚至是無助或絕望。
- 願望成真後，隨之而來的獎賞往往沒有想像中那麼棒，它們也許還過得去，但讓我們仔細檢視一下經驗：餅乾真的這麼好吃嗎，尤其在第三口之後？或者，工作評量的成績不錯，但那種滿足感真的如此強烈且持久嗎？

- 即使獎賞真的很棒，不少獎賞還是得付很高的代價，一大塊蛋糕就是個顯著的例子。得到讚美、贏得爭論，或者成功地讓別人去做某件事，說真的，這些獎賞的成本／效益比是什麼？
- 即使得到了想要的，而且也真的很棒，同時沒付太多代價，但每個愉悅的經驗都不免變化或結束，連最愉快的事也一樣。我們不斷與喜歡的事物分手，例如朋友離開、孩子離家、從工作崗位退休，甚至最後分手是永久性的——我們吸進並嚥下最後一口氣。每一件已開始的事物必然會結束，每一件匯聚的事物必然會分散，因此我們的經驗不可能完全令人心滿意足，靠它們是得不到真實快樂的。

泰國禪修大師阿姜查這麼比喻過：「如果我們因為不愉快的事而覺得煩亂，就好像被蛇咬了；如果我們緊抓住愉快的事，就好比抓住蛇的尾巴，蛇遲早還是會咬到我們。」

棍子比胡蘿蔔更有力

在前面的章節中，我們已經討論過胡蘿蔔和棍子，它們看起來好像是平等的，其實棍子往往更有力，因為大腦多是為了躲避而設計，而非追逐，這是因為負面經驗對生存的影響力比正面經驗更強大。

想像一下七千萬年前，我們的哺乳類祖先在一個和世界一樣大的侏羅紀公園裡躲避恐龍，他們得經常回頭注意，對一點點風吹草動的聲音都要十分警覺，而且得視情形紋風不動、狂奔、攻擊，他們若不是腳底抹油的那個，就一定是當場斃命的那個。如果他們錯過了一根胡蘿蔔，例如食物或交配的機會，往往日後還有其他機會，但如果沒能躲過一根棍子，例如一個掠食者，他們可就沒命了，更別說從此與胡蘿蔔永遠絕緣。那些能活下來傳遞基因的人，對負面經驗付出了許多專注力。

接下來，是六種大腦讓我們躲避棍子的方式：

㈠警覺和焦慮

當我們醒著卻沒有特別做什麼事時，大腦的基準休息狀態會啟動一種「預設網絡」（default network），其中一個功能會隨時追蹤環境與身體，看看有沒有可能的危險存在，這種基本的覺知經常伴隨著焦慮的感受，使我們保持警醒。有興趣的話，不妨試著花幾分鐘穿過一個店家，並完全不帶一絲小心、不安或緊張感，我們就會發現這還真不容易呢。這麼安排是有道理的，因為哺乳類、靈長類和人類的祖先既是獵物，也是掠食者，再加上大部分的靈長類社會團體中無論雌雄都一樣充滿侵略性，而在過去幾百萬年裡，從原人到狩獵與採集族群，暴力一直是男性致死的主要原因，因此我們有理由焦慮，因為令人恐懼的事物太多了。

㈡ 對負面訊息的敏感度

大腦在偵測負面訊息時，通常比偵測正面訊息來得快。以臉部表情來說，我們這些社會性動物判斷是危險還是機會的主要來源是：我們察覺恐懼面孔的速度，比察覺快樂或中性的面孔來得快，而這可能是由杏仁核很快追蹤出來的。事實上，即使研究者不讓受測試者有意識地看見恐懼的臉，杏仁核仍然會被點亮，因為大腦會特別注意壞消息。

㈢ 優先儲藏

當一個事件被標示為負面時，海馬迴會多方設法仔細儲藏起來，以供未來參考。一朝被火燒，十年不玩火，大腦對待負面經驗就像魔鬼沾，對待正面經驗卻像不沾鍋，即便我們大部分的經驗都是中性或正面的。

㈣負面勝過正面

負面事件的影響力通常比正面事件來得更大。例如經歷過好幾次失敗後容易產生無助感，即使後來成功無數次，仍難以消除這種無助；在得失之間，人們寧可多下功夫來避免損失，也不願花同樣力氣獲取相等的收穫；意外的受害者比起樂透彩券的中獎者，通常得花更多時間才能回到原來的快樂基準；一個人的醜事總是比好事傳得更遠；還有，在人際關係中，五個正面互動才能抵消一個負面互動的影響。

㈤滯留的痕跡

即使負面的經驗已被消彌，還是會在大腦裡留下不可磨滅的痕跡，這些沉積物的影響就在一旁等待著，當類似的恐懼事件一現身，它便重新啟動。

㈥惡性循環

負面的經驗讓我們悲觀、反應過度並傾向負面思想，從而產生惡性循環。

走避仍不免受苦

現在我們明白，大腦有一個內建的「負面偏見」（negativity bias）幫助我們避過凶險，但這種偏見仍讓我們受苦不已。一開始，它會鋪陳令人不安的焦慮背景，而對某些人來說，這樣的焦慮可能極為強烈。接著，焦慮也使人更難集中注意，向內尋求自我覺知或從事止觀修行，因為大腦總是忙著掃描以確定一切正常。此外，負面偏見也會扶植並強化不愉悅的情緒，像是憤怒、悲傷、抑鬱、罪疚和羞恥等，它突顯過去的失落與失敗，貶低現在的能力並誇大未來的障礙，難怪心總是對一個人的個性、行為及潛力給予不公平的裁決，這些評斷的重量往往令人不勝負荷。

模擬器之內

佛教說的「受苦」，是貪愛表現在貪、瞋、癡三毒上的結果，這些強力且傳統的用語廣泛涵蓋的意念、語言及行為等方面，包括最短暫與最細微的。「貪」是追逐胡蘿蔔，「瞋」是排斥棍子，兩者都渴求快樂多一點、痛苦少一點，而「癡」則是我們對事物實相無知，卻仍十分執著於那份無知，例如看不見萬事萬物如何相互關連並不斷變化。

虛擬真實

有時候這些毒很招搖，但大部分時候，它們只在覺知背景運作，一直默默激發並串聯。它們之所以如此，是因為大腦有超乎尋常的能力，能將內心經驗與外在世界呈現出來，例如我們的左右視覺範圍各有一個盲點，但不會看見世界缺了一個口，因為大腦會把它們填滿，就像當人們的眼睛注視閃光燈時會出現紅眼，而照片軟體可以將紅眼去掉一樣。事實上，許多我們所看到的「外界」，其實只是在大腦「內部」製造出來的，一如電影中由電腦繪製的圖像；只有一小部分輸入枕葉的圖像是直接從外界進來，其餘都是由內在記憶儲存與知覺處理單元而來。大腦模擬這個世界，讓我們每個人都生活在一個虛擬真實中，只是它和真實十分接近，因此我們不至於撞上家具。

在這個模擬器（它的神經基質位於前額葉皮質上——中部位的中心）裡面，迷你電影不斷放映，這些短片是許多有意識心理活動的構成元素。對人類的祖先而言，模擬器放映過去的事件以便增加生存機會，因為它一再重複神經激發的模式，加強學習成功的行為；此外模擬未來事件也促進生存的機會，因為祖先可以比較可能的結果，然後挑出最好的方法，接著為立即行動擬好可能的感官——運動順序。過去三百萬年間，人類腦的大小成長了三倍，這種擴張改進了模擬器的能力，對人類的生存更有助益。

模擬令人受苦

今日，雖然已和生存沒什麼關係了，但大腦仍不斷地產生模擬，只要注意一下我們作的白日夢或回顧人際糾葛，就會看到迷你電影又放映了。這種模擬經驗的小小片段往往只有幾秒鐘，一旦密切觀察就會發現幾件令人不安的事：

- 模擬器的本質會把我們從此時此刻抽離開來。我們可能本來待在辦公室聽簡報、跑出去辦個事或禪修，但我們的心忽然間來到千里之外，捲入迷你電影的情節中。要知道唯有此時此刻，才能找到真實的快樂、愛與智慧。
- 在模擬器中，快樂往往看起來很棒，無論是想吃個杯子蛋糕或者想像同事對我們的報告如何反應，然而，當我們在真實生活中遇到這些事時，**真的**感覺如此嗎？它們和腦中銀幕上所放映的一樣快樂嗎？答案是通常不會，大部分的日常獎賞遠不如模擬器所想像的那麼棒。
- 模擬器裡的影片包含了很多信念，例如「如果我說這件事，他必然會說那件事……他們會再度讓我失望……」等，有時它們會以明顯的言語表達出來，但泰半是含蓄的暗示並隱含在情節中。在現實中，模擬器外顯與內隱的信念都是真的嗎？有時候是，但往往並不是，迷你電影使我們卡在對過去的簡化觀點中，也卡在界定一個根本不可能成真的未來，例如以新的方式去接觸他人或者編織偉大的夢想。模擬器是隱形籠子的柵欄，把我們圈在一個比實際還小的生命裡，就像動物園豢養的動物雖然被釋放到大公園，但仍被老籠子的大小所侷限。

• 在模擬器中，過去令人苦惱的事件一再上映，很不幸地強化了該事件與痛苦感受的神經連結，模擬器也預測了未來危險的情況，但事實上大部分令人擔憂的事都沒有出現，即使出現了，不安適感往往比我們原先預想的溫和或短暫。以說出心裡話為例子，這會啟動迷你電影上映，電影中我們最後遭到拒絕，嘗到很不好受的滋味。但事實上，當我們真正說出心底話時不是常常進行的不錯，而且結果感覺挺好的？

總之，模擬器將我們從此時此刻抽離，讓我們追逐並沒那麼棒的胡蘿蔔，而且無視於其他更重要的獎賞（例如滿足和內心平靜），它的迷你電影往往充滿侷限性的信念，除了加強痛苦的情緒，還會讓我們躲避從來沒向我們劈頭打來或根本沒那麼痛的棍子。模擬器不斷地每小時每小時、每一天每一天，甚至就連在夢裡也一點點地構築神經結構，這些都增加了我們的痛苦。

自我慈悲

每個人都曾感受到痛苦，許多人則感受到極大的痛苦。慈悲是對他人與我們自身痛苦的自然反應，自我慈悲並不是自憐，只是對自己溫暖、關切與祝福，就像對其他人慈悲一樣。自我慈悲比自尊的情緒更豐富，更能減少困境的影響、保存自我價值並培養韌性，同時它也打開我們的心，因為我們若對自己的痛苦關起門來，也很難開門接納他人的痛苦。

慈悲心的根源就是對自己的慈悲心。

——佩瑪・丘卓（Pema Chödrön）

生命中，除了日常的痛苦之外，覺醒道路的本身也包含困難的體驗，因此也需要慈悲。若要變得更快樂、智慧、更愛人，有時我們必須在神經系統的古老潮水中逆游而上。舉例來說，有時三大修行支柱是不自然的：「戒」節制了原本有如野生動物般的情緒反應，「定」降低了外在警戒，「慧」切斷曾經幫助我們生存的信念。進化平台原是為了消除痛苦的因緣，但這些支柱與進化平台剛好相反，我們得在紛雜的萬象中去感覺一體、得順著變動時刻而流動，並且不為愉悅或不愉悅的情況所動。當然，這並非意味著我們不該「去做」，反而是指我們應該理解所面臨的情況，然後對自己慈悲。

若要培養自我慈悲並強化其神經回路，不妨嘗試以下的方法：

- 回憶與真正愛我們的人同在：受到關懷的感受會活化腦部深度依附系統的回路，產生慈悲心。
- 想起我們會自然地慈悲以待的人，例如孩子或是摯愛的人：這種慈悲心會不斷激發神經的底層支柱（包括催產素、腦島〔可感知體內狀態〕，以及前額葉皮質），預先為自我慈悲而暖身。
- 對自己散播同樣的慈悲：覺知自己的痛苦，對自己發送關切和祝福，感知慈悲灑在沒有慈悲滋潤的地方，就像一場溫柔的雨落在萬物之上。有感而發的行動能強化這種感受，我們可以將手掌放在臉頰或心臟上，彷彿對受傷的孩子那樣柔和溫暖，然後在心中說些句子，像是「希望我再快樂起來，希望這一刻的痛苦過去」等。
- 整體而言，打開大腦深處的感受並接受慈悲，別在意良好的感覺從何而來，無論慈悲來自己或其他人，都讓受到安慰和照顧的感覺滲入內心。

重點提要

✽人類演化出三種基本策略來協助傳遞基因：製造區隔、穩定系統、追求機會的同時也避開危險。

✽雖然這些策略對生存很管用，但也使我們受苦。

✽我們努力保持分隔，事實上卻與世界連結並依賴世界。由於這兩者大相逕庭，因此我們可能會覺得孤立、疏離、被壓制，或好像與世界爭鬥。

✽當身、心、人際關係的系統變得不穩定，大腦就會發出不安適的危險訊號；而既然一切都在變動，因此這些訊號也不斷進來。

✽大腦用「受」為經驗上色——愉悅的、不愉悅的、中性的——我們會追逐愉悅的感受，避免不愉悅的感受，且不理會中性的感受。

✽我們逐漸變得特別注意不愉悅的經驗，這種「負面偏見」忽視好消息，只突顯出壞消息，從而製造焦慮及悲觀。

✽大腦很能模擬經驗，但這是有代價的：模擬器將我們從此時此刻抽出來，而且安排我們追逐沒那麼棒的快樂，同時排拒被誇大、甚至根本不是真的痛苦。

✽對自己慈悲可減少痛苦。

第三章

第一和第二支箭

追根究柢，快樂不過是二選一：覺知內心苦惱而感不適，還是受控於苦惱而感不適。

——詠給明就仁波切（Yongey Mingyur Rinpoche）

身體不適在所難免，這是重要訊號，提醒我們採取行動以保障生命安全，正如痛楚讓手從滾燙的爐火上縮回來一樣。心理不安也在所難免，例如人類在演化過程中學到對孩子及族群成員投入越來越多的感情，藉以保障祖先的基因代代相傳，於是當摯愛的人遭遇危險時我們會感到痛苦，當他們受到傷害時，我們會感到悲傷。此外，我們也逐漸更關切自己在族群中的位置以及在別人心目中的地位，所以如果遭到拒絕或詈罵，覺得受傷是很正常的。

借用佛陀的話語[9]，身體和心理難免不安適是生命存在的「第一支箭」，只要我們活著且心中有愛，這支箭一定會向我們射來。

射向自己的箭

第一支箭無疑是不愉悅的，但緊接在後的是我們的**反應**，這些反應是「第二支箭」，也是我們射向自己的箭。我們大部分的痛苦，正是來自第二支箭。

假如我們在黑夜裡走進一個黑暗的房間，當腳趾踢到椅子時，痛苦的第一支箭立即化為憤怒的第二支箭：「是誰在這裡放了這張鬼椅子！」或者當我們很需要關懷時，摯愛的人卻表現得十分冷漠，而（第一支箭）在胃裡痛苦地翻騰之餘，我們可能還會覺得沒人需要我們（第二支箭），就好像童年時沒人注意自己一樣。

第二支箭通常透過神經網絡的連結，觸發一連串的第二支箭，比如我們為別人動了椅子而生氣，但後來又感到愧疚，或者再一次被摯愛的人傷害而感到悲傷。第二支箭在人際關係中製造出惡性循環，我們第二支箭的反應激起對方的反應，接著又激起我們再度射出第二支

9 譯註：《雜阿含經》四七〇經：「多聞聖弟子，身觸生苦受，大苦逼迫，乃至奪命，不起憂悲稱怨，啼哭號呼，心亂發狂，當於爾時，唯生一受，所謂身受，不生心受，譬如士夫被一毒箭，不被第二毒箭。」《相應部》第三十六相應第六經《箭經》也有同樣內容。

箭，如此沒完沒了。

很明顯的是，大部分的第二支箭反應，其實根本找不到第一支箭——引發我們反應的情況根本和痛苦無關，痛苦是我們**加上去**的。比方說，有時我下班回家時發現家裡一團亂，孩子的東西丟的到處都是，情況只是如此罷了，難道沙發上的外套或鞋子，還是櫥櫃上堆的東西裡藏著第一支箭？沒有，也沒有人拿磚頭砸我或傷害我的孩子。看到這亂糟糟的樣子，我**一定**得生氣嗎？不見得，有時我可以無視於東西亂丟，平靜地把它們撿起來，或者和孩子好好談一談；但我要是做不到這些，第二支箭就開始落下了，而且尖端還沾著三種毒液：貪，使我硬要事情按照我的想法發生；瞋，惹我心煩並且生氣；癡，讓我覺得情況是專門針對我而來。

其中最悲哀的是，有些第二支箭所回應的其實是非常**正面**的事。有人讚美我們是一個正面的情況，但事後我們可能會開始不安且慚愧地想：「我並沒有那麼好，也許他們後來會發現我是個冒牌貨。」就這樣，不必要受的第二支箭的苦便開始發射了。

加熱

痛苦並不抽象，也不是一種概念，它具[illegible]們的身體感到痛苦，痛苦是通過身體機制造成的。我們若了解痛苦的生理反應機[illegible]了解事情並非針對我們而來——雖然令我們不愉悅，但也不值得生氣，否則只會招致更多的第二支箭。

痛苦經由交感神經系統（sympathetic nervous system, SNS）與內分泌（荷爾蒙）系統的「下視丘—腦下垂體—腎上腺皮質軸」（hypothalamic-pituitary-adrenal axis, HPAA）而遍布全身。在此先解釋一下這些生理學名詞，並來看看它們的作用。交感神經系統和下視丘—腦下垂體—腎上腺皮質軸在解剖學上是兩個不同的系統，但兩者緊緊交織在一起，因此最好還把這兩者視為一個整合系統一起討論，以下將集中討論排拒棍子所引起的反應（例如恐懼、憤怒），而非緊抓胡蘿蔔的反應，因為大腦的負面偏見之故，排拒的反應對我們的影響比較大。

警鈴大作

狀況出現了，也許是一輛車突然橫插到我們的車子前，也許是一位同事的奚落，或者僅是一縷憂思——人際關係與情緒遭遇狀[illegible]力衝擊，毫不亞於身體受創，因為心理痛苦與身體痛苦都利用許多相同的神[illegible]為什麼遭到拒絕會和接受牙根管治療時一樣難受。有時候，光是期待一件充[illegible]例如下週將要發表一場演講，對我們的衝擊都像身歷其境。無論危險的來源[illegible]會響起警鈴，引發以下的反應：

- 視丘是大腦中央的中繼站，它向腦幹[illegible]」的訊號，然後又釋放出刺激的正腎上腺素（norepinephrine）到整個腦[illegible]得很：我[illegible]
- 交感神經系統向身體主要器官及肌肉[illegible]制，便能[illegible]讓它們準備戰鬥或逃跑。
- 下視丘是大腦中內分泌系統的主要調[illegible]是腦下垂體對腎上腺發出訊號來分泌有「壓力荷爾蒙」之稱的腎上腺素（[illegible]皮質醇（cortisol）。

準備行動

在警報最初響起的一、兩秒之內，大腦[illegible]，交感神經系統像耶誕樹一樣發亮，壓力荷爾蒙沖刷至血液中，換句話說，我們至少是有點苦惱的。這時，身體發生了什麼事？

腎上腺素使心跳加速（讓心臟可以運送更多的血液）、擴大瞳孔（讓眼睛收集更多光線），正腎上腺素將血液移到更大的肌肉群，同時肺部的細支氣管擴張以增加空氣的交換，讓我們可以打得更用力或者跑得更快。

皮質醇則壓抑免疫系統以減少傷口發炎，同時也動用兩種循環的方式產生壓力反應：首先，它使腦幹更進一步刺激杏仁核，促使杏仁核對交感神經系統／下視丘—腦下垂體—腎上腺皮質軸的活化，藉此分泌更多的皮質醇。接著，皮質醇抑制海馬迴的活動（通常海馬迴會抑制杏仁核），這麼做等於拿走杏仁核的煞車，使皮質醇可以分泌得更多。

至於生殖作用呢？當然被踢到一旁，逃走都來不及了，哪還有時間找樂子？消化系統也一樣，唾液減少、消化道蠕動減緩，結果我們感覺口乾舌燥且無法順利排便。

現在，我們的情緒增強，組織並動員整個大腦去採取行動，交感神經系統／下視丘—腦下垂體—腎上腺皮質軸被喚醒後會刺激杏仁核，由於杏仁核只注意負面訊息而且會產生強烈反應，結果我們因為感受到壓力而恐懼並憤怒。

當邊緣系統與內分泌系統更加活化，從前額葉皮質而來執行控制的相對力量便減低，就像坐在車內但加速器失控，駕駛人便無法控制車子了。再者，前額葉皮質同時也受交感神經系統／下視丘—腦下垂體—腎上腺皮質軸的喚醒所影響，會將估算、推斷他人意向、優先順序等都推向負面思考，結果讓這位把車子開得橫衝直撞的駕駛人以為其他人都是白癡——想想當我們盛怒時處理一個狀況，與事後平靜時再回想，兩者有何不同，便可明白。

人類的祖先在威脅身心的惡劣環境中演化，從中學習活化許多身體系統以求生存，但時至今日，處於現代生活長期劣質壓力中的我們，卻付出了什麼樣的代價？

大腦的關鍵部分

大腦中的每個部分都有許多作用，與本書相關的功能如下：

- 前額葉皮質（Prefrontal cortex, PFC）：設定目標、製作計畫、引導行動，在某種程度上引導並抑制邊緣系統形成情緒。
- 前扣帶迴皮質（Anterior〔frontal〕cingulated cordex, ACC）：穩定專注力並監控計畫，幫助整合思想和感受。「扣帶」是一束弧形的神經纖維。
- 腦島（Insula）：感知身體的內部情況，包括天生的直覺，幫助我們更富有同理心。位於頭部兩側的顳葉（temporal lobe）之內（圖六未顯示顳葉及腦島）。

- 視丘（Thalamus）：感官訊息的主要中繼站。
- 腦幹（Brain stem）：送出血清素與多巴胺等神經調節物質，至腦部其他的部分。
- 胼胝體（Corpus callosum）：在兩個大腦半球之間傳遞訊息。
- 小腦（Celebellum）：調節動作。
- 邊緣系統（Limbic system）：對情緒及動機有相當關鍵的影響，包括基底核、海馬迴、杏仁核、下視丘、腦下垂體，有時也包括皮質部分（例如扣帶、腦島），但為了簡化，在此以解剖學的名詞定義它為皮質下層（subcortical）結構。除了邊緣系統外，大

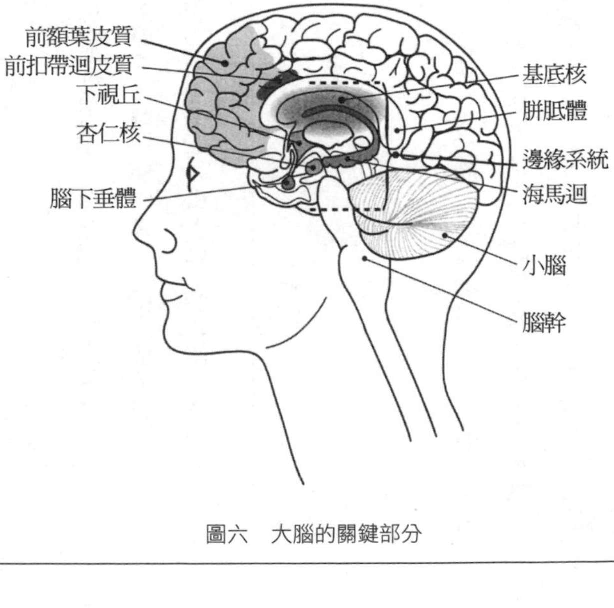

圖六　大腦的關鍵部分

腦許多部分都與情緒有關。

- 基底核（Basal ganglia）：和獎賞、尋求刺激的動作有關。「核」指大量的組織。
- 海馬迴（Hippocampus）：形成新記憶並偵測危險。
- 杏仁核（Amygdala）：是一種「警鈴」，會特別對充滿情緒和負面的刺激產生反應。
- 下視丘（Hypothalamus）：調節原始的動機如飢餓與性、製造催產素、活化腦下垂體。
- 腦下垂體（Pituitary gland）：分泌內啡肽、活化壓力荷爾蒙的分泌、儲存並釋放催產素。

小火慢燉的生命

我們可以為了好理由而激起鬥志，例如變得更熱情、更熱心、處理緊急情況或有正當理由非得如何不可時等，這些當然在生命裡有一席之地，但用第二支箭點亮交感神經系統／下視丘—腦下垂體—腎上腺皮質軸系統的理由就不算充分了，一旦這變成例行公事，它們會把我們個人壓力碼表的指針推到紅色警域。再者，除了個人的情況之外，我們也生活在一個猛踩油門的社會，仰賴交感神經系統不停活化。不幸的是，這對演化進程來說是完全不自然的。

基於以上理由，大部分人的交感神經系統／下視丘－腦下垂體－腎上腺皮質軸都不斷被喚醒。一個裝著水的鍋子即使沒有開大火燒到水滾，一直用小火慢燉（不斷射出第二支箭）也不健康，它會持續將原本應該投入長期計畫的資源（像是建立強大的免疫系統或保持良好的心情）改為支持短期危機，並進一步帶來相當深遠的影響。

生理上的影響

在演化的歷史裡，大部分人在四十歲左右就死了，因此活化交感神經系統／下視丘－腦下垂體－腎上腺皮質軸的短期利益比長期付出的代價重要，但在今日，這對有興趣不只活四十歲而且還活得很好的人而言，長期被緊張與忙碌填滿的生活成了一個很大的問題。舉例而言，長期交感神經系統／下視丘－腦下垂體－腎上腺皮質軸的刺激會干擾這些系統，結果增加以下健康問題的風險：

- 腸胃問題：胃潰瘍、結腸炎、大腸激躁症、腹瀉、便秘。
- 免疫問題：較常罹患感冒和流行性感冒、傷口癒合較慢、對嚴重的感染比較缺乏抵抗能力。

- 心臟血管問題：動脈硬化、心臟病發作。
- 內分泌問題：第二型糖尿病、經前症候群、勃起功能障礙、性慾降低。

心理上的影響

第二支箭除了影響身體之外，通常對心理健康影響最大，讓我們來看看它們在大腦中如何提高焦慮並降低愉悅的心情。

㈠焦慮

由於交感神經系統／下視丘—腦下垂體—腎上腺皮質軸不斷活動，杏仁核便對顯著的危險有更強的反應，這麼一來又回頭刺激交感神經系統／下視丘—腦下垂體—腎上腺皮質軸的活化，而它又使杏仁核更加敏感。與此一生理過程對應的心理是「狀態性焦慮」（state anxiety，根據某種特定狀態而引起的焦慮）被快速喚醒，再加上杏仁核促使「內隱記憶」（implicit memories，無法被有意識的覺知察覺的過去經驗痕跡）形成，當它變得更敏感，內隱記憶會將那些沉積物轉成恐懼，從而強化了「特質性焦慮」（trait anxiety，無論何種狀態的持續焦慮）。

同一時間，交感神經系統／下視丘—腦下垂體—腎上腺皮質軸的頻繁活化會損耗海馬迴。海馬迴對形成「外顯記憶」（explicit memories，真實事件的清楚記錄）非常重要，皮質醇和相關的腎上腺糖皮質激素（glucocorticoid）都會弱化海馬迴中現存的突觸連結，並抑制新突觸連結的形成。再者，海馬迴是人類大腦中少數可以形成新神經元的區域，但腎上腺糖皮質激素會阻止海馬迴形成新神經元，減低它製造新記憶的能力。

因此，一方面杏仁核變得過於敏感，一方面海馬迴過於讓步，結果因為杏仁核過動而產生的扭曲與超荷，痛苦的回憶直接記錄在內隱記憶中，但卻沒有相關的精確外顯記憶，於是類似「有事情發生了，我不確定是什麼，但我真的很煩」的感覺產生。這可以解釋為何創傷的受害者常記不起那件可怕的事，卻在無意識中對牽連上那件可怕事件的刺激有強烈的反應。在不那麼極端的情況下，隨時備戰的海馬迴與持續弱化的杏仁核連連左右開弓，令人時常感到微微地苦惱，卻摸不著頭緒為何會如此？

(二) 情緒低落

頻繁的交感神經系統活化會以幾種方式，削弱身心平衡（愉快就更別說了）的生化基礎：

- 正腎上腺素幫助我們保持警醒、心智活躍，但是腎上腺糖皮質激素反而會耗盡它。一旦正腎上腺素低落，我們會無精打采，甚至麻木冷漠、注意力無法集中，這些都是憂鬱症的典型病徵。
- 久而久之，腎上腺糖皮質激素會降低多巴胺的分泌，這會讓我們對以前覺得有趣的活動現在卻不感興趣，而這是憂鬱症另外一項典型的判斷要點。
- 壓力會降低血清素，它可能是讓我們保持良好心情最重要的神經傳導物質，血清素一旦降低，正腎上腺素也隨之降低——麻煩的是，更之前正腎上腺素早已被糖皮質激素減低了。總之，由於血清素減少，我們更無法對抗憂鬱的情緒，對世界也更提不起勁。

親驗的過程

當然，我們對於這些生理過程的體驗是非常切身的。當我們苦惱時，不會想到這是因為這些生化細節在反應和作用，但要是多少對這些有點概念，將有助於了解第二支箭的連鎖作用，以及它的客觀本質、它的前因後果和無常等。

這個理解讓人滿懷希望且深受鼓舞，原[illegible]腦和身體上有這些明確的因果關係！

如此一來，只要我們改變這些因果關係，就會少受很多苦，更何況我們確實**可以**改變它們，以下的章節將集中討論如何做到這一點。

副交感神經系統

截至目前為止，我們已檢視過我們的反應如何被貪與瞋發動——尤其是瞋——並在我們的大腦及身體擴散，被交感神經系統形塑。但交感神經系統只是自律神經系統（autonomic nervous system, ANS）三支中的其中一支，泰半在意識層次下運作，藉以調節許多身體系統及它們對於變動情況的反應；而另外兩支則是副交感神經系統（parasympathetic nervous system, PNS）和腸神經系統（enteric nervous system，負責調節胃腸系統）。此處將集中討論副交感神經系統與交感神經系統，以及它們在我們受苦與不再受苦上所扮演的重要角色。

副交感神經保存身體中的能量，負責持續、穩定的活動，它帶來放鬆的感覺並常伴隨著知足的感受，也因此它常被稱為「休息與消化」（rest-and-digest）系統，並和「或戰或逃」（fight-or-flight）的交感神經系統形成對比。自律神經系統底下的這兩支系統就像翹翹板般連結在一起，只要這一頭升起，另一頭便低下去。

副交感神經系統活化是身體、大腦、心的正常休息狀態，如果把交感神經系統用外科手術切斷，我們仍然會活著（雖然再也無法應付緊急狀況），然而，如果切斷的是副交感神經系統，我們會無法呼吸並很快死亡。交感神經系統的活化會改變對副交感神經系統的平衡基線，以便回應危險或機會，而副交感神經系統冷靜、穩定的影響力能幫助我們清楚思考，避免可能傷己害人的激烈行動，並讓心安靜且帶來「輕安」[10]，協助沉思與洞察。

全局

副交感神經系統和交感神經系統手牽手同時演化，使動物和人類能在種種致命危險潛伏的環境中生存下去，兩者缺一不可。

舉例來說，我們可以深呼吸五次，一吸一呼比平常更飽滿一點，這樣既能供給身體能量同時又讓心情放鬆，而且這麼做，首先活化了交感神經系統，接著活化副交感神經系統。我們可以試著以柔和的節奏來來回回地做，注意做完時感覺如何？這種充滿活力與安定自在的組合正是運動員、企業人士、藝術家、情人們、禪修者展露最佳表現的憑藉，也是交感神經系統和副交感神經系統——油門和煞車——一齊和諧運作的結果。

光靠關閉交感神經系統並不能開發出快樂、愛與智慧，我們需要的是將整體自律神經系統維持在最平衡的狀態：

・喚醒副交感神經，保持建立自在與平靜的基線。
・適當活化交感神經，藉以帶來熱情、活力及和善的熱情。
・偶爾策動交感神經系統以應付緊急情況，例如工作上有所突破，或者夜晚接到未成年子女的電話說派對變了調，需要你接他回家。

這是為長壽、富於生產力及快樂的生命所開出的最佳藥方，當然，這需要練習。

修行的道路

就像前人常說的，身苦難逃，但心苦或可避免。當覺知生起時，無論第一支箭或第二支箭，我們若仍專注於當下，不採取更進一步的反應，就能於當下突破痛苦的鎖鏈。久而久之，經過訓練和形塑的心與腦，甚至可以改變我們所生起的思想和情緒，增進正面的並減低

10 編註：《佛光大辭典》：「輕安即身心輕利安適，對所緣之境優游自在。」

負面的，而同時我們可以安住在真實本質的平靜和清明中，並受它的滋養。

以下這三個過程是覺醒道路的基本修行：無論生起什麼，都**與它同在**；**對治**心的習性並加以轉化；**依歸於一切**生命存在的立基處。在許多方面，這些修行各各相應於戒、定、慧，而且合乎學習、調節、選擇三種基本的神經作用。當我們處理覺醒道路上不同的議題時，會一再遭遇這些成長的階段：

(1)階段一：我們捲入第二支箭的反應卻絲毫不察：例如伴侶忘了買牛奶回家，我們生氣地數落對方卻沒察覺到自己其實反應過度。

(2)階段二：我們覺察到自己被貪、瞋（廣義而言）挾持，但是不能自已；我們的內在侷促不安，但仍無法不拿牛奶的事猛發牢騷。

(3)階段三：有一些內心的反應生起，但我們並沒有表現出來；雖然心裡還是有點生氣，但我們提醒自己，伴侶已經為我們做了很多，急躁只會讓事情更糟糕。

(4)階段四：反應不再生起，有時候甚至忘掉了這碼事；我們了解沒有牛奶了，並冷靜地想現在該如何對待伴侶。

在教育方法上，人盡皆知的四個階段是：不自覺不足、自覺不足、自覺有能力、不自覺有能力[11]。若想知道我們在問題的哪個階段，這是非常有用的標籤，其中第二階段是最困難的關頭，我們往往會想放棄算了，所以最好將目標設定在第三和第四階段，並深信只要堅持下去，一定能達成目標。

我們需要努力和時間來清除舊結構並建立新結構，我喜歡稱之為「芝麻綠豆定律」（the law of little things）：雖然微不足道的貪瞋癡隨時會在心理與大腦留下令人受苦的沉積物，然而許多微不足道的修行時刻會用快樂、愛及智慧取代三毒，以及它們所引起的痛苦。

現在，我們已介紹許多痛苦的演化根源和神經上的作用，以下章節將關注於如何能讓我們不再受苦。

重點提要

✻ 有些生理和心理的不安適無可避免，這些是生命中的「第一支箭」。

✻ 當我們以貪、瞋、癡三毒（這是廣義而言，其實每一毒都以貪愛為中心）的其中之一或二、三來回應，我們便開始朝自己與他人射出第二支箭。事實上，我們往往還沒找到第一支箭，就開始擲出第

11 譯註：這是「神經語言程式學」（Neuro-Linguistic Programming, NLP）中提到的學習新事物的四階段，該計畫於七〇年代初，由前加州大學語言學教受約翰・葛瑞德（John Grinder）與理查・班德勒（Richard Bandler）共同創立，現已成為一門認證課程。

二支箭，而最可怕的是，我們有時還會朝好事（例如被讚美）射出第二支箭。

* 痛苦是很深刻的身體經驗，生理反應透過交感神經系統／下視丘—腦下垂體—腎上腺皮質軸引起痛苦，然後在整個身體裡滾雪球，越滾越大。
* 大部分人長期受到第二支箭的連鎖作用的干擾，對生理和心理健康帶來許許多多的負面影響。
* 「休息與消化」的副交感神經系統可以鎮定交感神經系統／下視丘—腦下垂體—腎上腺皮質軸的活化。
* 長期擁有優質生命的最佳處方，是以副交感神經系統的喚醒和交感神經系統的輕度活化為基礎，並偶爾策動交感神經以應付重大機會和危險。
* 凡生起的便與它同在、對治心的習性並加以轉化、依歸於一切生命存在的立基處，這三者是覺醒道路的基本修行，在許多方面，它們一一相應於戒、定、慧。
* 在覺醒的道路上，繼續走，不要停！許多微不足道的修行時刻會逐漸且真實地令我們更知足、慈悲，並擁有充滿智慧的洞見。

第3部

快樂

攝入美好經驗是很好的，這會樹立正面的情緒，對心理和生理健康有許多好處。我們可以運用堅強的意向同時冷卻受苦的因緣，並為快樂的因緣暖身，同時一旦擁有平等心，我們對事情的初始反應就只會留在內心的玄關，如此一來，我們的心便能保持清明、潔淨與平靜。

第四章
攝入美好經驗

我比我原以為的更偉大更美好，我從不知我如此美好。

——華特．惠特曼《大路之歌》（*Walt Whitman, Song of the Open Road*）

正如我們所吃的食物決定了我們的身體，我們的經驗也決定我們的心。經驗的流動逐漸塑造我們的腦，同時也塑造心，有些塑造結果我們能明顯記得，例如「這是我去年夏天做的事」、「那是我墜入情網的感覺」等，但是大部分心的形塑作用永遠不會進入意識，這些被稱為內隱記憶，包括了我們的期望、人際關係的模式、情緒傾向及一般的觀點。內隱記憶根據經歷慢慢累積沉澱，建立了心的內在景觀，也就是自我的感覺。

就某方面來說，這些沉澱可以分成兩大疊：一疊是有利於我們和他人的，一疊是對我們和他人有害的。若用白話解釋佛教八正道中的「正思惟」就是：我們應該創造、保存、增進有利的內隱記憶，並防止、去除或減低有害的內隱記憶。

記憶的負面偏見

但是問題來了：大腦喜歡優先掃描、記錄、儲存、回想並回應不愉悅的經驗，正如前面所說的，負面經驗就像魔鬼沾，正面經驗卻像不沾鍋。即使正面的經驗比負面經驗多，負面內隱記憶的那一疊還是會增加得比較快，接著「自我的感覺」的調性會轉為沒來由的愁悶與悲觀。

當然，負面的記憶也有益處，例如失落打開我們的心房，後悔提供道德的指南，焦慮警告我們有危險，憤怒突顯出應改正的錯誤。然而，我們難道覺得負面經驗還不夠多嗎？對自己或他人都沒有任何利益的情緒是無意義的受苦，今日的痛苦滋生明天更多的痛苦，而每次極度沮喪的情緒崩潰都重塑大腦回路，大大增加再度發生的可能性。

壓抑負面經驗並非解藥，它們要是來了，就讓它來，我們應該做的是培養正面的經驗，尤其是要將它們攝入，成為根深柢固的一部分。

內化正面經驗

以下是如何內化正面經驗的三個階段：

(一)將正面的事實轉化成正面的「經驗」

好事情不斷在我們周遭發生，但絕大部分我們都沒注意到，即使我們注意到時，也常常感覺不到，例如有人對我們很好、我們看到自己身上有令人稱羨的特質、花開了、我們完成一項困難的計畫等，它們就這樣悄悄流逝。事實上，我們應該主動積極地尋找好消息，尤其是日常小事，例如孩子的面孔、柳丁的清香、愉快假期的記憶或工作上的小小成就等。無論我們發現何種正面事實，都要以正念去覺知——打開心房，讓它們影響你，就好像坐在盛宴當中——不要光看，開始吃吧！

(二)品味經驗

這麼做是很美味的！讓經驗停留五秒、十秒，甚至二十秒，不要讓專注力一下子就跑到其他事情上。某事在覺知中保持越久、情緒刺激越多，就有越多的神經元激發並串聯，在記憶中的痕跡也會越深。

我們應該專注於情緒和身體覺受，這些是內隱記憶的基礎。將感受注入全身，越強越好，例如有人對我們很好時，就讓這種被關愛的感覺溫暖整個胸腔。很重要的一點是，要注意經驗中的獎賞層面，像是摯愛的人緊緊擁抱我們，感覺多好！集中注意於這些獎賞時，會分泌更多多巴胺，我們也會更容易持續注意這種正面感受，並強化內隱記憶中的神經連結。我們並非為了獎賞才這麼做——因為這樣最後還是會受苦——而是去內化它們，使我們的心承載著它們，無須到外界尋找。

我們也可以透過刻意充實一個經驗來強化它。舉個例子，當我們品味某個人際經驗時，不妨召喚出被愛的感受，這會幫助刺激催產素，也就是「親密荷爾蒙」，並因此加深連結的感受；也可以在完成一個高難度的計畫後，藉由回想一路跨越的種種困難來加強知足的感覺。

㈢想像或體驗一下

深入自己的心和身體，感覺有如被太陽暖洋洋烘曬過的T恤、被注入水的海綿，或者珍貴的珠寶被放入心中的寶物盒。身體保持放鬆，並吸收這種經驗所帶來的情緒、身體覺受及想法。

療癒痛苦

正面經驗可以用來安慰、平衡，甚至取代負面經驗。當心裡同時有兩件事時，它們會開始相互連結，這就是為何和支持自己的人談艱難的處境，會非常有療癒效果的原因，因為我們所經驗到的安慰、鼓勵和親密，都會滲入痛苦的情緒及記憶。

運用記憶機制

這些心理融合利用了記憶的神經機制，當一個記憶——無論是內隱還是外顯——形成之後，只有最重要的特點被儲存下來，而不是一個一個的細節，否則大腦會太擁擠，沒有空間再學習新的事物。不信的話可以試著回想一個經驗，即使是最近才發生的，我們仍會發現自己的回憶竟如此簡略，只勾勒了幾筆最主要的特徵，許多細節並沒有包括進來。

大腦檢索記憶並不像電腦那樣，叫出硬碟上的一個完整記錄如文件、圖像或歌曲，而是根據主要的特點來重建內隱和外顯記憶，再利用大腦的刺激能力來填滿遺漏的細節。整個過程需要更多運作，但這樣能更有效率地使用神經空間，如此一來就不需要儲存完整的記錄，而且大腦的動作非常快，以至於我們根本察覺不到記憶的重組再生。

這種重建過程在大腦的微回路中，逐漸轉成內心景觀的情緒背景。當一個記憶活躍起來的時候，神經元和突觸的大規模聚集造成外顯的特徵，如果心裡同時還有其他的事——尤其是特別愉悅或不愉悅的——我們的杏仁核和海馬迴會自動與這個神經模式連結起來，然後當記憶離開覺知時，會與其他神經連結在記憶儲存之處重新合併，而當這個記憶下次啟動時，便容易帶出這些連結。

因此，如果我們在記憶啟動時一再生起負面的感情及念頭，那麼只會更傾向於負面的方向。舉例來說，若我們回想一樁往日的失敗時又抨擊自己，只會讓失敗更加可怕。相反地，當內隱和外顯記憶活躍時若召喚出正面情緒和觀點，這些善的影響就會一絲一縷地被織入回憶的布料中，而每一次將正面感覺與觀點融入痛苦而侷限的心之狀態，我們便建立了一點神經結構，久而久之，這些正面素材會漸漸累積並發揮影響，開始一個突觸接著一個突觸地改變我們的大腦。

●神經回路在我們出生前便開始形成，大腦會繼續學習並改變，直到我們嚥下最後一口氣。地球上的動物中，人類的童年期最長，因為兒童在荒野中非常容易受到傷害。既然大腦在這樣長的時間中有如此強大的發展，進化上必有很大的好處，當然，成年後我們仍持續學習，直到老年仍能繼續學習新的技能與知識（我父親九十歲時還寫了一篇文章，計算橋牌的各種最佳叫牌法，讓我十分驚訝。諸如此類的例子不勝枚舉）。

●大腦的學習能力——因而也是改變大腦本身的能力——被稱為「神經可塑性」（neuroplasticity），通常只是神經結構上微小的改變，但日積月累下卻頗為驚人，例如盲人一部分原為視覺處理的枕葉（occipital lobe）區域，會重新劃為聽覺作用區。

●心理活動以下列幾種方式來形塑神經結構：

(1) 特別活躍的神經元對輸入訊號反應較強。

(2) 忙碌的神經網絡會接收較多的血液流量，以供給更多的果糖和氧。

(3) 當神經元彼此在幾毫秒內激發，會強化現存的突觸並形成新的突觸，這就是「串聯」。

(4) 不活躍的突觸會經由神經元修剪（neuronal pruning）而凋萎，可說是「忙者生存」的奉行者：要不就使用，要不就失去。蹣跚學步的小孩的突觸比成人多三倍，而在青少年到成人期間，前額葉皮質每秒失去一萬個突觸。

(5) 海馬迴會長出嶄新的神經元，這個神經新生（neurogenesis）能促進記憶網絡的學習能力。

● 由於情緒喚醒（emotional arousal）能增加神經刺激並整合突觸的改變，因此也會幫助我們學習。

因為大腦能採取以上種種方式改變結構，即便我們的經驗看似短暫、主觀，但事實上影響遠大於此，這在大腦的生理組織上造成的持續改變，會影響我們的健康、功能和人際關係，而就科學而言，這正是我們之所以要對自己仁慈、培養善的經驗，並攝取它們的理由。

拔野草和種花

若要逐漸以正面內隱記憶取代負面記憶，只消將經驗中的正面層次放在覺知的前景，讓它顯著些、強烈些，同時把負面素材放在背景。想像一下，這就像覺知中的正面內容滲入舊傷，如同溫暖的金色軟膏安撫擦傷與瘀傷之處，並將空洞填滿，同時慢慢以正面感受及信仰，取代負面的感受和信仰。

我們努力糾正的負面心理素材，有些可能從成人時期而來，包括目前的經驗，但我們更需探討從童年而來的外顯及內隱記憶，因為它們往往是苦惱的主要根源。人們有時會發現自己仍被過去的事件影響而生自己的氣，但請記得：大腦的設計是透過經驗來改變本身，尤其是負面經驗。我們從經驗中學習，尤其是童年的經驗，當時的學習經驗常自然地陪伴我們一生。

在成長過程中，我常在前院拔蒲公英，如不連根拔起，它們就會春風吹又生。苦惱也是如此，所以，去深入感覺我們心中最幼小的、最脆弱、情緒最澎湃的層次，去尋覓困擾的回憶所冒出的根尖。透過一些練習和自我了解，我們可以列出一份「嫌疑犯黑名單」，也就是令我們苦惱不斷的深層根源，我們會在被激怒、焦慮、受傷或不自在時不斷想到它們，這些深層的根源可能包括：在學校裡不受歡迎而覺得自己很沒用、從慢性疾病而來的無力感、離婚後對親密感失去信心等。發現這些根尖冒出來時，只要我們攝入美好經驗，美善會逐漸除卻它加諸於身體的負荷，如此一來，我們便在心的花園裡既拔草又種下花朵。

正面經驗往往能療癒痛苦的經驗，例如以現在強而有力的感受取代童年脆弱的感受。

如果我們總想起舊日人際關係中所受到的不公平待遇，那就回想被愛的感受，並讓這種感覺滲入內心；如果需要加上語言的力量，我們可以對自己這麼說：「我經歷過這麼多的困難卻仍屹立不搖，還有許多人愛我。」這並不會讓我們忘記發生過的事，但情緒的能量會慢慢消失。

此處的重點並非抗拒痛苦經驗，或緊緊抓住愉悅經驗，因為那是一種貪愛，而貪愛使我們受苦。平衡的藝術就是對困難的經驗保持正念、接納與好奇，同時也攝入能支持自己的感覺和思想。

總之，我們可以用這兩個方式將正面素材注入負面素材：

- 今天若有一個正面經驗，就讓它滲入舊日的痛苦。
- 當負面素材出現，在心中觀想正面的情緒與觀點當作解藥。

我們可以選用其中一個辦法，並在之後幾個小時內試著多次去感受並攝入同類的正面經驗。有許多證據顯示，重新回想起負面經驗（不論是內隱或外顯）之後不久的時間內，它會特別脆弱、特別容易改掉。

若雄心足夠，那就再進一步：冒點小小的風險，去做「理性」說沒問題但「憂慮」叫我們躲避的事，例如坦誠面對真實的感覺、直截了當地要求愛，或在職業生涯中追求更上一層樓。一旦結果不錯——通常都會——便將它們攝入，緩慢但扎實地清除舊有的恐懼。

大部分時候，攝入美好的經驗花不到一分鐘，通常只需幾秒。這是一個私下的行動，並不需要有人知道我們正在做，但久而久之確實可以在大腦中建立新的、正面的結構。

為什麼攝入美好經驗很棒

因為大腦有負面偏見，我們必須**主動積極**地努力內化正面經驗，並療癒負面經驗。往正面經驗靠攏時，其實是在糾正神經性的不平衡，我們今天給自己的關懷和鼓勵，正與童年時該得到的一樣，只是童年得到的也許不夠完整。

我們應集中注意力在美善的經驗上，接著自自然然地攝入，這會增加每天流過內心的正面情緒。由於情緒組建整個大腦，因此這種影響是全面性的，也因此正面感受能發揮深遠的利益，包括更強健的免疫系統，以及對壓力少些反應的心臟血管系統也會提振我們的心情，讓我們更樂觀、更警覺、更睿智，並有助於抵消痛苦經驗（包括創傷）的影響。這是一個良性循環：今天的感覺若好，明天的感覺更容易好。

這些利益也適用於孩子身上，攝入美好經驗尤其對擁有亢奮或焦慮氣質的孩子特別有益，亢奮的孩子往往在大腦裡的愉悅感受還沒有機會融合前，就很快地去做下一件事，焦慮的孩子則忽視或貶低好消息，而有些孩子既亢奮又焦慮。無論他們的氣質如何，如果孩子是我們生命中的一部分，就要鼓勵他們在一天結束時停下來（或者在任何自然的空隙停下來，像是學校鈴響的前一分鐘），回想有什麼好事發生，以及讓他們快樂的事（例如寵物、父母的愛、足球賽中得分的一球），然後讓正面的感受和思想滲入。

在心靈修行方面，攝入美好經驗會突顯心的重大優點，比如仁慈與內在平靜，這會讓我們重新回到這條道路。這條路走來有時如上坡般辛苦，但攝入美好經驗有助我們在覺醒道路上繼續前行而不偏離，一旦看到努力獲得成效，信念及信仰便得以確立，一旦擁有正面而真實的情緒，我們便會真心誠意。當我們的心越滿盈，可以給人的就越多。

攝入美好經驗並不是把每件事物都罩上快樂光耀的光環，也不是掉頭不看生命中的困難，而是培養幸福、知足、內在平靜，成為我們總是可以出發或返回的依歸處。

重點提要

✽ 外顯記憶是對特定事件或其他訊息有意識的回憶，內隱記憶則是過去經驗的沉積物，大部分處於覺知的層次之下，但強力形塑心的內在景觀與氛圍。

✻不幸的是，即使我們大部分的經驗都很正面，大腦的成見仍將內隱記憶偏向負面方向。

✻第一個解藥是有意識地尋找並攝入正面經驗，有三個簡單的步驟：將正面事實化為正面經驗、品味這些經驗、感覺它們滲入內心。

✻當經驗在記憶中融合，它們也會攝入覺知中其他的經驗，尤其是強烈的經驗。我們可以運用這個機制，將正面經驗注入負面經驗，這是第二個解藥，也就是只突顯覺知中的正面經驗，讓負面經驗在背景中淡出。我們有兩種方法可用：得到正面經驗時，讓它滲入、安慰並取代舊痛；得到負面經驗時，想一想可對治負面經驗的情緒和觀點。

✻注意一再浮現的煩惱根源，這些根尖常住在童年經驗中。不同的苦惱有不同的根源，刻意將正面經驗導向這些根源，才能斬草除根，以防春風吹又生。

✻隨著不斷攝入美好經驗，我們的神經結構也會一點一滴建構起來。只要每天做幾次，如此累積幾個月或幾年下來，便逐漸改變大腦，也潛移默化我們的感覺及行動，影響可謂深遠。

✻攝入美好經驗是很好的，這會樹立正面的情緒，對心理和生理健康有許多好處，而且對兒童也是很好的幫助，尤其是亢奮和焦慮的兒童。這讓我們有動機、有信念、真心誠意，這些都有助於心靈修行。

第五章
讓火焰冷卻

如是，聖人完全熄滅了欲望，
無所不安住；
再無感官欲望，
他們的火已然冷卻，因為燃油已盡。
所有執著都根除了，
心遠離了痛苦；
輕安，他安住於究竟自在，
心找到平靜之道。

——佛陀（語出《小品》6:4:4）

前面的章節說明了交感神經系統與掌管壓力的荷爾蒙會「發射」，藉以協助我們追求機會或避開危險。健康的熱情和反對有害事物的堅定立場固然占有一席之地，但我們大部分的時間不免過熱，不斷在追逐胡蘿蔔和逃避棍子間掙扎，感覺被逼迫、驚慌、惱火、焦慮、憂鬱或充滿壓力，如此當然快樂不了。我們需要降低這些火燄，本章會描述許多讓火焰變小的方法。

如果人體內有一個消防隊，那就是副交感神經系統，所以我們從這裡開始。

活化副交感神經系統

身體有許多主要系統，包括內分泌（荷爾蒙）、心臟血管、免疫、消化和神經系統。如果我們希望運用心與身體的連結來降低壓力、冷卻火焰，並讓身體保持健康，從哪一個系統下手最好？答案是自律神經系統。

自律神經系統屬於龐大神經系統的一環，它與其他系統交織在一起，並協助調節其他系統；由於心的活動對自律神經系統的影響比對其他身體系統更直接，當我們刺激自律神經系統中的副交感神經系統時，平靜、安慰、療癒會如漣漪般擴散到身體、大腦，以及心。

接下來，讓我們一起探索各種喚醒副交感神經系統的方法。

放鬆

放鬆會影響並強化副交感神經系統回路，也會安定「或戰或逃」的交感神經系統，因為放鬆的肌肉將訊號送回大腦的警報中心，說明一切都相安無事。當我們非常放鬆時，不會感覺到壓力或苦惱，事實上，放鬆的身心狀態也許真能改變基因的表現，因而降低長期壓力對細胞造成的傷害。我們可以在承受壓力時放鬆，也可以訓練身體隨時隨地能自動放鬆，這兩種都可以帶來放鬆的好處。以下是最簡便的方法：

- 放鬆舌頭、眼睛和上下顎肌肉。
- 感覺體內的緊繃流出體外，沉入大地。
- 用溫水沖一下手。
- 掃描身體上緊繃的區域，然後放鬆。

接著，這幾種方法在以上兩種情況下都適用：

㈠橫膈膜呼吸

這個方法只需要花一、兩分鐘。橫隔膜是位於肺部下面協助呼吸的肌肉，若能主動且積極地運用它，對減低焦慮會特別有效。首先，將手放在胃部，也就是肋骨中央倒V下方幾公分，當我們呼吸時，會看到手有些許上下起伏。接著，以此為基準，吸氣時將手與身體的距離拉遠約一公分，並試著加深吸氣讓腹腔膨脹並碰到手；吐氣時則將手與身體的距離縮短一公分，讓氣盡量吐光並讓腹部往內凹，如此來來回回做個幾次。這需要經過一些練習，但只要持之以恆就會做得很好，等習慣了還可以試著不用手來輔助，這樣就能在公共場合運用這個方法而不被發現。

㈡循序放鬆

如果有三到十分鐘的時間，不妨嘗試這個技巧。首先，按順序將注意力集中在身體的不同部位上，例如從腳到頭或從頭到腳。可以先注意身體的大片區域，像是左腿、右腿等，如果時間比較充裕可以再注意較小的單位，例如左腳、右腳、左腳踝、右腳踝等。眼睛有沒有閉上都可以，但不妨學著睜開眼做，這會讓我們和他人相處時更能深度放鬆。

要放鬆身體的某一個部位，只要覺知它就行了。例如現在馬上花點時間注意我們的左腳腳底，或者當我們覺知到某個部位時，在心裡輕輕說「放鬆」，又或者是在那個部位找一個點或一個空間。總之，怎樣有效就怎樣做，而且對許多人來說，循序漸進地放鬆也比較容易入睡。

深呼氣

盡量吸氣並保持吸氣幾秒鐘，然後一面放鬆，一面慢慢地呼氣。深度吸氣可以擴張肺部，但需要再一個深度呼氣讓肺部回到休息狀態的大小，這麼做會刺激負責呼氣的副交感神經系統。

碰觸嘴唇

副交感神經纖維分布在嘴唇四周，因此碰觸嘴唇會刺激副交感神經系統，而且碰觸時會讓人聯想到進食，甚至是小時候吸奶時的安詳愜意。

對身體保持正念

由於副交感神經系統主要維持體內平衡，因此將專注力轉向內在，可以活化副交感神經網絡。有些人可能已經有過身體正念的修行經驗，例如瑜伽或壓力管理的課程，正念意味著與某事同在時，完整地覺知它而不加評斷或抗拒。重點是注意身體的覺受，如此而已。

比如說，我們專心注意呼吸的覺受，注意冷空氣進來，暖空氣出去，而胸腔和腹部反覆起伏；或注意行走、伸手、吞嚥時的覺知，甚至只是注意一個呼吸或上班路上的一個腳步——從頭到尾都注意著。這會讓我們注意力集中，並且獲得平靜。

意象

雖然心的活動常被視為語言性的思想，其實大部分的大腦是用來處理非語言活動的，例如處理心的影像，而意象可以活化大腦右半球，停止令人心煩意亂的喋喋不休。就像放鬆一樣，我們可以當場運用意象來刺激副交感神經系統，若有時間也可做較長的觀想，藉此發展有長遠利益的意象。舉個例子，如果工作上感覺有壓力，我們可以花幾秒鐘在心中觀想平靜的山湖，然後，若在家有更多的時間，可以觀想自己在湖邊繞行，並以松針的清幽松香及孩童的嬉笑聲，來豐富我們的心之影片。

平衡心跳

普通的心跳速率中，在每一跳動的間隙都會稍稍改變，這被稱為心率變異（heart rate variability, HRV）。假設我們的心臟一分鐘跳動六十次，在每一次跳動之間平均相隔一秒鐘，但心並不是機械的節拍器，所以每個跳動的間隙長短不斷改變，也許會是這樣：1秒鐘，1.05秒鐘，1.1秒鐘，1.15秒鐘，1.1秒鐘，1.05秒鐘，0.95秒鐘，0.9秒，0.85秒鐘，0.9秒鐘，不一而足。心率變異反映自律神經系統的活動，例如吸氣時由於交感神經系統活化，心臟會快一點，呼氣時因為副交感神經系統覺醒，則會慢一點。壓力、負面情緒和老化都會降低心率變異，而心率變異較低的人在心臟病發後比較不易復元。

有趣的問題是，心率變異只是壓力和其他因素高低波動的**結果**，還是心率變異的改變本身可以直接**導致**心理及生理健康的改善？雖然只有初步證據，但目前的研究已顯示提高心率變異的數量和一致性，可以讓壓力減少，使心臟血管、免疫系統功能及情緒更加健康。

心率變異是副交感神經系統被喚醒，以及整體健康的極佳指標，我們可以直接改變它。心數機構（HeartMath Institute）對心率變異做了先驅性的研究，發展出許多技巧，以下介紹簡單的三步驟方法：

步驟一：讓吸氣和吐氣同樣長，例如吸氣時在心中數一、二、三、四，吐氣時也數一、二、三、四。

步驟二：觀想或感覺我們正用心臟在呼吸。

步驟三：當我們均勻地呼吸，想一想愉悅或溫暖的情緒，例如感謝、仁慈或是愛，也可以回想一段快樂的時光、與子女團聚時的喜悅、感謝生命中美好的事情或是深愛的寵物。我們可以觀想這些感覺也是呼吸的一部分，在心臟部位移動著。

試著這樣做一分鐘或更久一點，結果也許會出人意表。

禪修

禪修藉由幾種途徑來活化副交感神經系統，包括將專注的焦點從有壓力的事情移開、放鬆、覺知身體。一般的禪修可以：

- 增進腦島中的灰質、海馬迴和前額葉皮質；強化前額葉區域，減緩因老化而引起的皮質變薄；改善與這些區域有關的心理功能，包括專注力、慈悲心及同理心。
- 加強活化左前額葉區域，可振作心情。
- 西藏資深修行者的大腦能發出既強又遠的伽瑪波。腦波是微弱卻能衡量的電波，在大量的神經元一起有節奏地激發時形成。

- 降低因壓力而分泌的皮質醇。
- 強化免疫系統。
- 改善多種生理異常狀況，包括心臟血管疾病、氣喘、第二型糖尿病、經前症候群及長期疼痛。
- 有助改善許多心理狀況，包括失眠、焦慮、恐懼症與飲食失調等。

禪修有眾多傳承和法門，我們可以從中找到最適合自己的方法。以下兩頁的方塊描述基本的正念修行法，但唯有每日固定練習，才能有所收穫。先不論時間多短，我們何妨向自己承諾「不修則不眠」，甚至坐一分鐘都行？當然，考慮參加住處附近的固定禪修團體也是可行的。

首先，找一個可以專注又不受打擾的舒適地方，站立、行走或躺臥都可以，不過大部分人都坐在椅子或座墊上。找出能讓我們既放鬆又警醒的姿勢，也就是脊椎適當地挺直，就像禪宗說的，我們應該像善騎的人來駕馭心，韁繩握得不鬆不緊。

其次，想禪修多久就多久。剛開始可以短一點，五分鐘也無妨，但若能禪修三十到六十分鐘會讓我們更加深入。我們可以一開始就決定要坐多久，也可以隨機應變，或者在靜坐中偷瞄一下時鐘；還有一種方法就是設置定時器，例如有人會燒一炷香，當香燒完時，禪修也結束了。

接著，以下的步驟可自行略做更動：

● 深呼吸一口氣並放鬆，眼睛睜開或閉上皆可，然後覺知來來去去的聲音，讓這些聲音如實存在。明白這段時間就是用來禪修，因此把所有放不下的都放下，就像放下一個很重的袋子，然後撲通一聲坐到舒服的椅子上。禪修之後，我們大可把這些原先放不下的再撿起來——如果我們還想要的話！

● 覺知呼吸[12]的身體覺受，不要控制呼吸，讓它如實存在。感覺清涼的空氣進來，溫暖的空氣出去，胸部和腹部緩緩起伏著。

- 努力從頭到尾與每一個呼吸的感受同在，或者輕數呼吸次數，從一數到十，接著再重新開始。如果心散亂了，就再從一開始數，或者默默觀察呼吸的進和出。心散亂很常見，一旦散亂，再回到呼吸就沒事了，記得對自己溫柔、仁慈。看看自己是否能一口氣專注地從一數到十（雖然剛開始時有困難），當我們的心在禪修的最初幾分鐘安靜下來後，看看能否更加專注於呼吸並放下其他的事。對呼吸的單純與快樂打開心房，把自己交託給呼吸，然後在練習了一段時間後，看看自己能否延長到數十次呼吸都能專注如一。
- 把呼吸當成船錨，覺察心中生起的一切，覺察念頭與感受、希望與計畫、影像與回憶——它們全都來來去去，就讓它們如實存在，不要捲入也不要爭鬥或著迷，接納一切穿過覺知開放空間的事物，甚至對它們心存仁慈。
- 在呼吸中安頓身心，讓心中的平靜與時俱增。知道穿越內心的一切皆不斷變動，注意我們身陷其中的感覺如何，放下讓它們去的感覺又如何。要體察那平靜而廣袤的覺知本身。
- 若覺得時間到了，就結束禪修。最後，注意有什麼樣的感受，同時攝入禪修中的美好經驗。

12 譯註：在止觀修行中稱為「出入息」，本書統一稱為呼吸。

感覺更安全

第二章曾介紹，腦部不斷掃描內在與外在世界有無危險，如果偵測到危險，壓力反應系統就會激發。有時警戒有其必要，但我們通常都過度警戒，這是因為杏仁核——下視丘對不會再度發生的過去事件仍有慣性反應，它所引起的焦慮既不必要也不愉快，而且還使大腦及身體對小事情也過度反應。再者，警戒及焦慮會將專注力從正念和正定中移開，也因此在傳統上常鼓勵禪修者在安全之處獨自靜處，一如佛陀在正覺之夜身坐菩提樹的基座上，有菩提樹可「倚靠」。安全的感覺會告訴大腦可以將瞭望塔上的軍隊調度過來，讓它們在內心工作以增進專注和智慧，或是乾脆讓它們休息。

但在討論如何使用特定方法產生更安全的感覺之前，需要先點出兩個重點。首先，在世俗的實相中，沒有一件事是完全安全的。生命不斷地變化，例如車輛會闖紅燈、人會生病、整個國家會陷入混亂、地球發生強烈的地震和海嘯，因此，我們沒有絕對穩固的地面，也沒有完美的庇護所。接納這個事實就是智慧，擁抱它並與它和平相處會帶來喜悅。

其次，對某些人，尤其是受過創傷的人來說，減低焦慮好像很危險，因為一旦降低防衛，反而會覺得自己脆弱，因此基於這些理由，此處介紹的是「更安全」而不是「絕對安全」的方法。我們可以依據自己的需求採取以下的方法。

放鬆身體

放鬆會排除焦慮，像拔掉浴缸的塞子讓水流掉一樣（操作方法請見前面章節的介紹）。

運用影像

大腦右半球與情緒處理密切相關，若想要感覺更安全，不妨觀想身旁有個保護者，例如摯愛的祖母或守護天使，或者想像自己被光球圍繞，就像身處於一個力場之中。當我遇到棘手情況時，有時會聽到影集「星艦迷航記」（Star Trek）中寇克艦長的聲音：「史考第，全力防備！」

與支持者連結

認清哪些朋友和家人關心你，並和他們多多相處。無法見面的時候，觀想自己與他們同在並攝入其中美好的感覺，因為陪伴——即便只在想像中——會活化大腦的依附及社群回路。在進化的歷史進程中，我們必須在身體與情緒上，和照護者及其他族群成員親密互動才能生存，因此啟動親密的感受可能會讓我們感覺比較安全。

以正念面對恐懼

焦慮、恐懼、多慮、操心，甚至恐慌都只是心的狀態，就像其他任何心的狀態一樣。要知道恐懼何時生起，可以觀察身體的感受，觀看它想如何說服我們應該保持警覺。看著它變化，然後消逝，或者透過言語描述自己的感覺，藉以加強邊緣系統的前額葉調節。觀察覺知中雖然包含了恐懼，覺知本身卻從來不恐懼，試著和恐懼分隔開來，在覺知的廣袤空間中安頓我們的身心。恐懼，其實就像穿過覺知天空的雲朵而已。

召喚內心的保護者

神經系統的分布式網絡使各種亞人格彼此動態互動，構成看似穩如磐石，其實分裂的自我。舉例而言，我們內在有個非常有名的三人組，稱為內在小孩／批判型父母／呵護型父母（inner child/critical parent/nurturing parent），而相關的三位一體是受害者／行刑者／保護者（victim/persecutor/protector）。呵護型父母與保護者的亞人格是安心、鼓勵、安慰的，它和內在、外在批判與責罵的聲音相抗衡，它不會奉承我們或者捏造事實，完全根據事實而來，就像一個實在、關懷且不會胡來的老師或教練，它提醒我們，我們自己和世界擁有的美好特質，而且叫討厭的人退遠些，不要纏著我們。

在長大成人的過程中，有些保護者沒能善盡保護我們的責任，因而令我們失望，而世間上最讓人大失所望的往往不是傷害我們的人，而是沒能防止我們受傷的人，因為他們是我們依附情結最強烈的人，也因此最讓人失望。可以想像得到，我們內在的保護者並不像它似乎能做到的那麼強大，而現在我們能做的是，特別注意與關心、支持我們的強者同在的經驗，品味這些經驗，然後攝入內心。我們可以針對這個主題想像一下或者寫下來：一位內在的保護者和一位嚴苛或令人不安的亞人格進行了一番對話，而且我們很確定那位內在的保護者大力支持我們。

接受現實

我們應該利用前額葉能力來評估：令人恐懼的事情發生的可能性有多大？會有多糟？傷害會持續多久？我該怎麼應付？誰能幫我？

大部分的恐懼都是誇大的。在我們的生命進程中，大腦根據經驗學會期望，尤其是負面的經驗。一旦有狀況發生，甚至只要有一點點相似，大腦就自動地將預期加諸其上，如果它預期的是痛苦或失落，甚至只是發生這些痛苦和失落的危險，大腦都會發出恐懼訊號。然而，因為負面偏見，許多預期中的痛苦或失落不是過度誇大，就是查無實據。

舉個例子。我從小就是個害羞的孩子，而且比班上其他孩子年紀小許多，因此在許多場合都感覺自己像是局外人，一個孤獨寂寞的局外人。長大成人後，我參加了新的團體（例如工作上的團隊，或非營利機構的董事會），雖然團體中的人都很熱情，我還是預期自己又會變成局外人，並且覺得不太自在。

從童年而來的預期——常常是所有預期中最有力的——尤其不真切。還年幼時，（A）我們對家庭、學校、同學沒有什麼選擇，（B）父母和許多人比我們更有力量，而且（C）我們自己也沒有多少資源可運用。

但是如今，明擺著的事實是：（A）我們對生命有更多選擇，（B）我們和其他人之間的力量通常差別不大或毫無差別，而且（C）我們擁有許多內在與外在的資源（諸如處理的技巧、別人對你的善意），因此當恐懼生起時不妨問問自己：「我其實有哪些選擇？我可以怎樣運用自己的力量來支持、照顧自己？我可以利用什麼資源？」

我們可以把這世界看得一清二楚，沒有扭曲，沒有迷惑或選擇性的注意。什麼是事實？

科學、企業、醫藥、心理學和止觀修行都建立在事物的真理上（無論何種真理），舉例而言，佛教的教義裡將「無明」視為受苦最基本的源頭，難怪科學研究顯示，若對情況估計得越準確，情緒便越趨向正面。如果真的有事情需要操心，像是付帳單、看醫生等，那就盡力而為並繼續邁步向前，如此不但會感覺比較好，而且我們擔憂的情況通常也會改善。

培養安全依附的感受

童年時與照護者（尤其是父母）的人際關係，可能對我們成年後人際關係中的期望、心態、情緒、行動影響甚鉅。丹尼爾・席格、艾倫・史葛爾（Allan Schore）和瑪麗・曼（Mary Main）等人所做的研究，都有助於了解有關依附的神經學，以下便是這些大量研究的摘要：

幼童與父母之間不斷重複的某種經驗（往往受這個孩子的人格傾向所影響）會產生約翰・鮑比（John Bowlby）提出的四種依附模式中的一種：安全依附型（secure）、不安全—逃避型（insecure-avoidant）、不安全—抗拒型（insecure-anxious）、解離型（disorganized，這一類非常稀有，在此不進一步討論）。

對父母雙方其中之一的依附類型，常與對父母中另一人不一樣，不安全依附模式似乎與特別的神經活動的特殊模式有關，如前額葉皮質及邊緣系統之間缺乏整合等。依附模式會持續到我們長大成人，成為對重要人際關係潛在且預設的模型，如果我們像大多數人，在不安全——逃避型或不安全——抗拒型的依附下長大，我們還是可以改變模型，對人際關係更有安全感，在此介紹一些好方法：

- 理解我們的家庭教養如何影響我們與父母的關係，尤其是早年的家庭教養。要知道自己有什麼不安全的依附。
- 對自己不安全的感受，懷著慈悲。
- 盡我們所能與充滿愛心且可靠的人為友，攝入與他們同在的感受，並在現存的人際關係中盡可能得到他人的善待。
- 練習內心正念，包括透過禪修。這些其實都是我們在孩童時期就應該得到的注意與教導。正念活化大腦中線區域，有助於增進前額葉皮質及邊緣系統之間的協調，而這些是安全依附的關鍵神經基質。

尋覓依歸處

在此生中，何處是我們的依歸？依歸處包括人、地方、記憶、想法與理想，也就是可以提供可靠庇護及保護的人或事，它讓我們卸下防衛，並督促我們使用力量和智慧。年幼時，依歸處可能是媽媽的膝頭、在床上看書或跟朋友出去玩，以我個人而言，我花了不少時間在家附近的山丘盤桓，藉此讓頭腦清醒並再次讓大自然灌注能量。

今天，我們已長大成人，依歸處可能是一個特殊的地點或活動（例如教會或寺廟、安靜地遛狗或泡個澡），也可以是與伴侶、好友或老師同處。有些依歸處是超越文字的，而且可能更深刻，例如對理性力量的信心、與大自然的連結感，或明白萬事萬物各得其所的直覺。

試著找出以下這些依歸處，雖然這裡採用的是佛教的說法[13]，但意涵更廣泛：

- 老師：信仰傳統的核心歷史人物（如耶穌、摩西、悉達多或穆罕默德），對他們深懷信心，相信他所體現的特質也能在我們身上展現。
- 真理：實相本身，以及對實相精確的描述（例如「苦」如何生起及滅去）。
- 善友：覺醒道路上走在我們前面的人，以及與我們同行的朋友。

一旦找到依歸處，我們便不再重啟事端和憂慮，於是得到正面的啟發。當我們更安穩地安住在依歸的感覺中，神經元會靜靜織成一張安全網。在覺醒的道路上我們難免遭遇動盪不

13 譯註：佛教的依歸處是「三皈依」，即皈依佛、皈依法、皈依僧，與此處的老師、真理、善友相對應。

安，因靈魂行經暗夜或舊有的信仰基礎瓦解而不知所措，在這些時刻，依歸處會如安全網般接住我們，幫助我們穿過風雨。

每天都在一件或數件事物中尋求依歸，正式或非正式都可以，用語言文字或非語言文字也都無妨，重點是只要對我們有用，就是最好的方法。另外，也可以實驗一下用不同的方法去體驗依歸處，例如冥想依歸處就是我們來自的地方，或者流過我心的事物。

探索依歸處

找出幾個依歸處，接著跟隨指引繼續探索更多處。可以睜開眼或閉上眼，緩慢或迅速地進行皆可。除了這個句子：「我在＿＿＿＿找到依歸」，還可以試試：

- 我依歸＿＿＿＿
- 我向＿＿＿＿依歸
- 我安住在＿＿＿＿
- 我自＿＿＿＿來

- 這裡有＿＿＿＿＿
- ＿＿＿＿＿穿流過我
- 我與＿＿＿＿＿合而為一

只要覺得歡喜自在，任何句子都可以。

或者，也可以觀想一個依歸處，感受它，了解它。感知身體的覺受，感覺依歸它之後有多麼清淨，讓它對我們的生命發生影響。我們從那依歸處而來，受它庇護及保護。在心裡輕聲說：我在＿＿＿＿＿找到依歸，或者不用語言文字，僅僅感受自己進入依歸處。

留意當我們進入依歸處的感受，讓那個感受滲入，成為我們的一部分。願意的話，進入下一個依歸處；想要的話，再進入幾個都可以。

當這些都告一段落，留意整體經驗為何？明白在我們生命中的每一天，依歸處都隨身不離。

重點提要

✻ 若要運用心—身連結來改善生理與心理健康，最有效的方法就是利用自律神經系統。每一次刺激副交感神經系統來安定自律神經系統，就使身體、大腦及心更傾向內在平靜和安寧。

✻ 我們可以用許多方法來活化副交感神經系統，包括放鬆、深呼氣、碰觸嘴唇、對身體保持正念、觀想影像、平衡心跳、禪修等。

✻ 禪修可以增加大腦灰質，灰質掌管專注力、慈悲與同理心，禪修對許多生理異常情況的治療也有幫助，它能強化免疫系統並改善心理功能。

✻ 若我們刻意去感受自己「更安全」，便能糾正根深柢固的習慣，不至於處處擔心危險，或對危險過度反應。放鬆、運用影像、與他人連結、對恐懼本身具有正念、召喚內在保護者、接受現實、增加安全依附感等，都會讓我們感覺更安全。

✻ 無論我們的庇護所或補給站在哪裡，那裡就是依歸處。可能的依歸處包括人、活動、地方和無形的事物，例如理性、內心最深處的存在或真理。

第六章
堅強的意向

盡我所能，傾我所有，就在此時，就在此地。

——恩克西・強森（Nkosi Johnson，南非愛滋病童）

前一章探討如何冷卻貪瞋來減少受苦的因緣，本章則是為內心力量暖身，藉以增加快樂的因緣，並了解大腦如何受到激勵——如何樹立意向（心意的傾向），再追求實現——以及如何運用神經網絡堅定地向未來邁進。活著就是面對未來，這可以是活到下一口氣或下一餐飯，也可以是追求快樂、愛與智慧。

神經軸

大腦的進化是從下至上，由內而外，我們可以用一條概念上的神經軸來認識大腦的組織，進而探索神經軸的四個主要層次如何支持我們的意向。

腦幹

腦幹送出神經調節物質（例如正腎上腺素與多巴胺）到整個大腦，讓我們準備隨時行動。它在我們追求目標時供應能量，在達到目標時給予獎賞。

間腦

間腦（diencephalon）包括視丘（大腦感官訊息的中央交換機）與下視丘。下視丘引導自律神經系統，並經由腦下垂體影響內分泌系統，它也負責調節原始的動機狀態（例如尋找水、食物和性），以及原始情緒如恐懼、憤怒等。

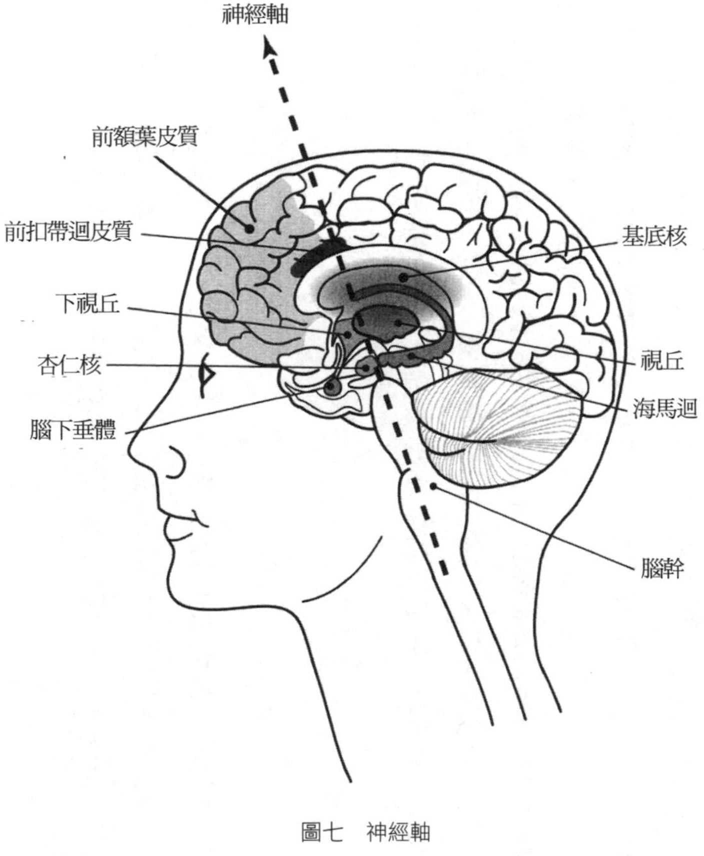

圖七　神經軸

邊緣系統

邊緣系統從間腦進化而來，包括杏仁核、海馬迴與基底核，基本上是情緒的中央大站。邊緣結構位在間腦兩旁，有些則在間腦之下（如杏仁核），一般認為它是神經軸的較高層次，因為它們是比較近期才演化出來的——雖然有些結構在較下方的位置，讓人有點混淆。

皮質

皮質（cortex）包括前額葉皮質、扣帶及腦島，這些區域在本書中扮演重要的角色，它們處理抽象推理和概念、價值、計畫、組織的「執行功能」、自我監測與衝動控制。皮質也包含大致上從右耳延伸到左耳（身體覺受和動作）之間的感覺束及運動束、頂葉（認知）、顳葉（語言和記憶）和枕葉（視覺）。

這四種層次一起運作時讓我們有充沛的幹勁。它們沿著神經軸上下整合為一體，一般而言，較下層的可引導並供給能量給較上層，較上層的可引導並抑制較下層；較下層的對身體有較多控制，但較不能改變本身的神經網絡，但較上層的剛好相反，它們雖然不直接參與行動，卻有極大的神經可塑性，可被神經／心理活動形塑，並能從經驗中學習。在所有的神經軸層次中，生命中的意向運作──目標，以及達到目標的相關策略，多半在我們的覺知之外進行。

神經軸越下層，反應越直接；神經軸越上層，反應時間則拉得越長。因此，皮層的作用可能會引導我們放棄眼前的一項獎賞，以便獲得未來更大的獎賞，而通常眼光越長遠，意向就越明智。

動機活動中心

動機活動中心有兩個：前扣帶迴皮質中心，以及杏仁核中心。

前扣帶迴皮質中心

雖然神經軸的每一部分都和其他部分一起運作，但有兩個區域位居中心，向許多方向送出神經輪輻（neural spokes），那就是前扣帶迴皮質（Anterior Cingulate Cortex Hub, ACC）與杏仁核。

前扣帶迴皮質與比較晚才進化出的前額葉皮質的**背**（dorsal，位於上方）及**側**（lateral，位於外側）區域連結，縮寫名稱為「DLPFC」，這是工作記憶（working memory）的關鍵神經基質與基礎，也是大腦收集訊息以解決問題並做出決定的工作空間；此外它也連結輔助運動區域，此區域職掌計畫新的行動。前扣帶迴皮質透過這些連結來指導行動以實現意向。

當意向具體且明確後，種種內在經驗匯聚並朝向統一的目標，反映出一種神經同調性（neural coherence），在前扣帶迴皮質的皮層「輪輻」內，許多遠遠相隔（以細胞的顯微比例來說）的區域開始一起脈動，並配合激發的節奏的狀態——或高或低，但通常在神經同步的伽瑪波區域之內——每秒鐘三十到八十次。

前扣帶迴皮質主要是監視我們的專注力，它監管目標的進度，其中若有衝突，就會發出警告。它的上層部分管理「意志控制」（effortful control），也就是刻意而持續地調節思想與行為，此區域直到三至六歲才發育完成，這也是幼小孩子的意志控制比年長的孩子較少的原因。每當我們有意識地貫徹意志，就是前扣帶迴皮質在運作。

前扣帶迴皮質經由對杏仁核、海馬迴、下視丘密集而對等的連結，進而影響我們的情緒，同時也受情緒所影響，因此它是整合思想與感受的關鍵之處。若透過禪修等方式強化前扣帶迴皮質，可幫助我們在苦惱時清晰思考，也為邏輯推理加上溫暖與情緒智商。總而言之，前扣帶迴皮質居於由上而下、縝密型、中央制、理智的動機中心。

杏仁核中心

杏仁核與前扣帶迴皮質、前額葉皮質、海馬迴、下視丘、基底核與腦幹密切連結，是第二個主要的動機活動中心。杏仁核每分每秒都聚焦在與我們相關又重要的特性上，例如是愉悅還是不愉悅的，是機會還是危險？它也形塑並影響認知、評估狀況、推斷他人的意向並做出評斷等。杏仁核大多在覺知之外發揮影響，這反而增強它們的力量，因為沒有人看得到。

當我們雀躍鼓舞時，便是連結杏仁核的皮質下層區域彼此同步發功，此時邊緣系統、下視丘及腦幹的神經網絡一起脈動，頻率通常是每秒鐘四至七次的西塔波（θ波）的頻率。

簡單來說，杏仁核位居由下而上、反應型、分布式、熱情的動機中心。

頭腦和心

前扣帶迴皮質中心與杏仁核中心形成一個聯合系統，攸關動機作用的每一層面，這兩個中心相互調節。舉例而言，在一個三部曲的反饋回路中，杏仁核刺激前扣帶迴皮質的下層部分，下層又再刺激上層，然後抑制了杏仁核；因此表面理性的前扣帶迴皮質網絡藉由向下投射到神經軸的下三層次，深深地影響情緒和動機，同時原本不理性的杏仁核網絡經由向上投射到皮質，則建立起種種評估、價值與策略。

這些整合可以在幾分之一秒鐘內發生，因為沿著神經軸的神經群體在回應能激勵動機的訊息時彼此統合，節奏也彼此同步，更廣泛地說，這種整合可以持續許多年。我們「冷靜」的前扣帶迴皮質動機與「溫暖」的杏仁核動機如何在生命中重要的時刻一齊運作呢？比方說，我們可以一邊溫暖地聲援一個有特殊需要的孩子，一邊冷靜清明地知道如何幫助他從學區中獲得更多資源。

另一方面，這兩個中心也可以不同步或彼此拉鋸，例如在青少年時期，杏仁核網絡往往凌駕前扣帶迴皮質網絡。想想看，在我們自己的動機方面，是否曾注意過前扣帶迴皮質網絡和杏仁核網絡同樣強大？它們——姑且稱之為頭腦和心——朝著同一個方向嗎？幾年前，我突然意識到我頭腦的訓練已經走在心的訓練之前了，從此我便更加注意心的開發。

意向與受苦

有人說欲望使我們受苦，事情一定是這樣的嗎？欲望的領域很廣泛，包括祈願、意向、希望與貪愛。欲望是否導致受苦，要看兩個因素，第一，其中是否懷有貪愛，也就是我們想要某件事物的感覺。第二，我們的欲望在**希求什麼**？對於第一個因素，欲望本身並不是受苦的根源，貪愛才是，所以我們可以祈願或想做某件事，卻不貪愛執著於非得產生什麼結果不可，例如我們可以決定從冰箱裡拿出雞蛋而不貪愛——也就是說，即使發現雞蛋一個不剩，也不會生氣。

關於第二個因素，意向是雙面刃，既可以傷人，也可以利人。舉個例子，貪、瞋、癡都是意向：抓住享樂而且抓得緊緊的、抗拒痛苦或我們不喜歡的事，以及無視或扭曲我們寧願不知道的事情。

有害的意向在大腦各層次運作，從下視丘所釋放的憤怒及恐懼，到前額葉皮質所建構的精細報復計畫。良善的意向如慷慨、仁慈、智慧也一樣，它們會在神經軸上下散布，從本能的腦幹能量，到前額葉皮質的抽象理想。我們一旦將正面的影響更深地織入大腦不同的層次，就將三毒推到更邊緣的地方，因此最好的辦法是在神經軸**各層次**都培養良好的意向，而且也培養力量來實現它們。

感覺堅強

念大學時，有次我趁著假期，幫忙帶十二名學童到優勝美地（Yosemite）的高地去旅行。整個上午我們沒見到其他人影，而山徑在通到河邊後就消失了，於是我們在河邊的大石頭區停下來用午餐。餐後我們進入森林，山徑又出現了，在走了快兩公里後，一個孩子突然想到他把夾克放在河邊忘了拿。我自願幫他回頭去拿，約好和大家在幾公里之外的營地會合，接著便把背包放在山徑旁，走回午餐地點。我四處尋找了一下，不一會兒就找到那件夾克。

然而此時我才發現，我找不到山徑了。我在雜亂的大石頭間兜轉了一陣子，突然想到現在已是下午，唯一的人跡在幾公里外，而天氣已開始變冷，我也許得在一千八百公尺的高度，穿著T恤和牛仔褲度過一晚。這時有個空前且強大的感覺向我席捲而來，我覺得自己像野生動物、像是一隻老鷹，不計一切要生存下去。我感覺心中有股無比強烈的決心要活著，如果有需要，我會靠自己的力量活過這個晚上。接收到這充沛的新能量之後，我便開始繞更大的圈子，最後終於找到山徑並在晚上抵達營地。我永遠記得那股強烈的感覺，在那之後，我也曾多次利用這種感覺找到力量。

想想看，我們曾覺得自己無比堅強嗎？那在身體、情緒和思想中，是種什麼樣的感覺？力量常是默默接納的決心，而不是捶胸頓足般的躁進，我認識一個最堅強的人，那就是我的母親，無論發生什麼事她都如常照顧家庭。

感覺更堅強

力量有兩種主要的面向，亦即能量與決心。兩者我們都能加強，例如將呼吸加快一點，或稍微緊縮肩膀，彷彿即將扛起一個重擔，此外也要熟練需要用力的肌肉運動——但它通常是很微細的。就像做出一個臉部表情表達某種情緒時，便會加強那種情緒，去做需要用力的肌肉運動，也會加深我們對力量的體驗。

要習慣刻意喚出力量的感覺，這不是說去支配任何人或任何事，而是注入我們的意向（詳情請參考以下「感覺堅強的幾種方法」），目的是讓整個神經軸參與，以便增強對力量的體驗。我們可以試著想像臟器、肌肉刺激腦幹送出正腎上腺素與多巴胺，它們如湧泉般注入整個大腦，喚醒並驅動它；與此同時，我們必須專注於感覺堅強所帶來的美好感受，好讓邊緣系統也參與行動，如此一來，我們將會更善於運用力量。我們也可以跟自己說：「我現在感覺堅強，感覺堅強真好。」來加強大腦皮質的語言力量；若有任何念頭認為力量是不好的或不對的，便用反向思考送走它們，例如「力量幫我做許多好事，我有權利堅強」，藉此確定神經軸各層次的意向都同時朝著此一方向。

當我們感受到力量，無論是刻意召喚或只是碰巧想到，都不妨有意識地攝入，讓它的痕跡深入內隱記憶，成為我們的一部分。

感覺堅強的幾種方法

有許多方法可以找出力量並加強力量，以下這些方法可按照自己的方式隨意應用，而在做練習時最好睜開眼睛，因為我們每一天需要力量的時刻，眼睛都是張開的。

●深吸一口氣，將注意力回到自己身上，知道念頭穿過內心，但你並不參與，只是去感受那覺知中的力量，無論有什麼念頭穿過，覺知總是清明而持續。

●現在，感受身體的活力，留意呼吸本身就有一種力量，然後感覺自己的肌肉能朝任何方向移動、感覺身體裡的動物性力量（儘管這種力量在某些方面也很弱）。

●回想一個你覺得真正堅強的時刻，盡可能地強力觀想。想一想有力量的感受：力量在你的呼吸中，能量在你的手臂和腿中。這股力量今天同樣在你強而有力的心臟跳動著。感覺一切都沒問題，並持續接納你強大、清明、決斷的感受，同時留意感覺強大的感受有多麼美好，讓力量滲入你的生命中（如果你願意的話，可以回想其他幾次你感覺堅強的時刻）。

- 觀想一個支持你的人（或一群人），越逼真越好。觀想這個人的面孔和聲音，讓自己感覺受到支持、受到珍視、受到信任，觀想這種受到支持的感覺如何增強你的力量，觀察感覺堅強有多麼地美好，同時讓力量滲入你的生命存在中（也可以接連想起其他支持你的人）。
- 做以上的練習時，留意有沒有其他感受生起，例如完全相反的脆弱感受等。無論生起什麼都沒問題，只要注意它、讓它去、放下它，然後再將專注力轉回堅強的感受。
- 最後，安住在有力量的感覺中。想像一個困難的情況，覺知自己運用堅實的力量，去感覺困難情況的周圍有一個廣袤的空間，你一邊讓它如實存在，一邊持續感覺很穩定。要堅強，但無須抓取或掙扎，任何穿越覺知的念頭都像雲朵飄過天空，提醒自己保持廣闊、放鬆、自在。記得在呼吸中、在覺知中、在心的清明中、在整個身體中、在善的意向中，感受你的力量。
- 每一天，都認真地去體會堅強的感受，留意感覺堅強有多麼美好，讓力量滲入你的生命中。

重點提要

✽最好同時冷卻受苦的因緣，並為快樂的因緣暖身，例如運用我們的意向。意向是一種力量，應用於清楚且合宜的目標，同時能保持一段時間。大腦中，大部分的意向都在覺知之外運作。

✽簡化來說，大腦沿著一條神經軸形成四個層次，這些層次一同運作讓我們有充沛的幹勁。沿著神經軸由下而上，分別是腦幹、間腦、邊緣系統、皮質。

✽一般而言，反應發生在神經軸的越下層，便越快、越強烈，而且越自動；若在神經軸越上層，反應會延遲、不那麼強烈且考慮得更周延，尤其是最晚才演化而出的皮質，可以增進我們考慮未來的能力。往往眼光越長遠，意向越睿智。

✽神經軸有兩個中心，分別是前扣帶迴皮質與杏仁核。前扣帶迴皮質網絡處理由上而下、縝密型、中央制、理智的動機，杏仁核網絡則處理從下而上、反應型、分布式、熱情的動機。

✽這兩套網絡交織在一起，「邏輯」的前扣帶迴皮質網絡也會引導感受的流動，「情緒」的杏仁核網絡也形成價值和世界觀。

✽兩個網絡——姑且說是頭腦和心——可以互相支援，也可以步調不同，或者產生衝突。理想的意向應該在神經軸的每個層次上都彼此齊心協力，這時它們的力量最強大。

✻意向是一種欲望，欲望本身並不是受苦的根源，貪愛才是，重要的是要有善的意向，而不執著於結果非得如何不可。

✻內在的力量有許多形式，包括安靜的堅持。要先熟悉力量在體內的感覺，我們才能再度喚出力量，而刻意去刺激有力量的感覺，可以加強這種感覺的神經通路。

第七章
平等心

平等心是完美的、不可動搖的內心平衡。

——向智尊者（Nyanaponika Thera）

想像一下我們的心就像一座屋子，進門處有個玄關，那是冬天用來放下髒兮兮的皮靴與溼漉漉外套的地方。一旦有了平等心，我們對事情的初始反應（無論是想去搆胡蘿蔔或推掉棍子）都只會留在內心的玄關，如此一來，我們的心便能保持清明、潔淨與平靜。

平等心（equanimity）一字的拉丁字源是從「平等」（even）和「心」（mind）而來。有了平等心之後，穿越心中的念頭都依託在廣袤的空間裡，因此我們很平穩，也不會失去平衡。大腦的古老回路不斷推動我們產生這個或那個回應，而平等心是回路上的斷路器，它可以區分哪些是對經驗的「受」，哪些是貪愛的運作，讓我們對「受」只有中性回應，進而掙脫受苦的鎖鏈。

舉個例子吧。有一次我從禪修閉關回家，家人坐下來共進晚餐，很快地，孩子就像以前一樣開始拌嘴，這通常讓我心煩意亂。然而，由於我從禪修閉關中獲得了平等心，我心中的微慍就像體育館裡那高高掛著且吵人的風扇聲，離我遠得很，我坐在下方，並沒有被它挾持。心理學家用「需求特徵」（demand characteristics）這個詞來形容我們被拉扯著的情況，就像門鈴不斷響著或有人伸出手來要握我們的手，但擁有平等心之後，情況會變得只有特徵，沒有需求。

平等心並不是冷淡，也不是冷漠，我們還是熱情地參與世界，卻不被世界所煩擾。正因為我們不回應，於是產生一個廣大的空間，其中有悲心、有慈心，並對他人的好運感到喜悅。佛法老師卡瑪拉・馬斯特講過一個故事：她在黎明時分坐船沿恆河而下，在她的左邊，太陽照耀著古老的塔寺，透出一種高雅的透紅光彩；而在她的右邊，喪禮焚化堆正在燃燒，哭聲與煙塵同時升起。看著左邊的美麗及右邊的死亡，平等心將她的心打開到足以同時納入兩者。

因此，面臨衝擊個人的情況，例如我們或親近的好友失去摯愛時，我們可以利用同樣的平等心保持內在的安穩與廣闊。

如果你願意的話，可以花一些時間來領略平等心。雖然這不是深度禪修中那種無量的感受，但一樣會帶給你平穩、清明、平靜的感受。

●放鬆。花幾分鐘集中注意在腹部、胸部，或上嘴唇附近的呼吸感覺，藉此穩定你的心。

●對不斷改變的「受」——無論是愉悅、不愉悅或中性的——更具正念。

●對生起的現象感到越來越客觀，一種自在、放鬆、不受打擾的生命存在，接納並與任何生起的現象和平共處，讓心更穩定、靜默、平靜。

●知道聲音，去聽，但不捲入聽到的聲音。知道身體的覺受，去覺受，但不捲入覺受。知道念頭，去想，但不捲入念頭。

●知道愉悅、不愉悅、中性的「受」如何來來去去，它們不斷變動，靠它們不可能獲得快樂。

●知道穿越的念頭與感受，但是不要認同它們，也無須擁有它們。

●知道穿過的念頭與感受，但是不要回應它們。留意你越來越不參與，現在比較不會向快樂一面倒，也比較不會被痛苦拉走。

●在愉悅的感受裡，只有愉悅，不會再加上回應；在不愉悅的感受裡，只有不愉悅，不會再加上回應；在中性的感受裡，只有中性感受，不會再加上回應。這是沒有偏好的心，安住在覺知中，不再回應。

- 安住於平等心，一個呼吸接著一個呼吸。你感到自在。身心安頓在越來越深的平等心中，並盡可能感受那崇高的解脫、知足及平靜。
- 如果此時你尚未睜開眼睛，請將眼睛張開，將視覺覺受帶入平等心。去探索對穿過目光的事物沒有任何偏好的心，無論事物是愉悅、不愉悅或中性的。禪修完畢後，動一動身體，探索對身體覺受沒有任何偏好的心，無論覺受是愉悅、不愉悅或中性的。
- 在這一天裡，對人們和各種狀況都抱持更多平等心，留意你的感受是什麼。

平等的大腦

一旦有了平等心，便不會追逐歡愉的經驗或推拒不愉悅的經驗，我們在經驗周圍會擁有一種空間，也就是和感受之間有一個緩衝地帶。這種生命的狀態並不是出自標準型的前額葉情緒控制來抑制並引導邊緣系統活動，而是有了平等心之後，邊緣系統「想要」怎樣激發就怎樣激發。平等心並不是減低或開啟這項活化作用，只是**不去回應**，這對大腦來說是非比尋常的行為，因為大腦在進化中原本就是設計用來回應邊緣系統的訊號，尤其是回應愉悅和不愉悅的「受」的脈動。

就神經學來說，怎樣才能達到這種狀態呢？接下來將介紹平等心的不同層次，以及大腦的對應部分。

理解與意向

有了平等心之後，我們會透視經驗本質的無常和不完美，我們的目標是保持**不執迷**，亦即不會被愉快或痛苦的魔咒所降服，把這個很佛教的字用白話來解釋，就是我們並不會對生命失望或不滿，我們只是去洞察它外顯的魅力和危險，而不會失去重心。

理解與意向都以前額葉皮質為基礎，想維持平等心的意向，特別得依靠神經軸上的前扣帶迴皮質中心。

心的穩定

平等心也是覺察穿流而過的一切，卻不會隨之起舞。這需要前扣帶迴皮質的監督，尤其在練習平等心的初期階段。隨著平等心越來越深刻，許多禪修者反映他們感受到一種不費力而持續的正念，這種正念顯然來自前扣帶迴皮質活動的降低，以及負責覺知的神經基質自發而生的穩定。

意識全面工作區

平等心的另一個面向，是一種非常廣闊的「意識全面工作區」（global workspace of consciousness），這種神經反應伴隨心理感受而來，心理上產生覺知對象周圍有廣闊的空間感受，其來源是由於遍布大腦數十億的神經元萬箭齊發，有節奏地同步發射出每秒三十至八十次的伽瑪波。有趣的是，這種非典型的腦波模式在禪修經驗深厚——也是平等心深厚——的西藏僧侶身上可以看到。

弱化壓力反應系統

邊緣系統、下視丘—腦下垂體—腎上腺皮質軸、交感神經系統循環地交互回應。舉例而言，如果可怕的事情發生了，我們的身體便會啟動（例如心跳加速、手心流汗），這些身體上的變化被邊緣系統詮釋為危險的證據，於是引發更多的恐懼反應，進而造成惡性循環。我們可以透過活化副交感神經系統，使壓力反應系統不去回應自己的反應，這也是為何在修行止觀的環境中訓練平等心時，需要一定程度的放鬆和輕安。

平等心的果實

久而久之，平等心會越來越深刻，最後到達深度的內心寂靜，這是「禪定」的特徵，此外，平等心也會深深融入日常生活，帶來極大的好處。如果我們可以截斷感受與貪愛之間的鎖鍊，如果我們可以在與愉悅的體驗同在時不追求，和不愉悅的體驗同在時不排拒，和中性的體驗同在時不忽略，也就等於截斷受苦的鎖鏈，至少暫時如此。若能做到這點，真是不可思議的福報及解脫。

有了平等心，便可以平靜與理性地應付各種情況，同時還能保持內心的快樂。
——達賴喇嘛

培養平等心的因緣

儘管完全的平等心是心與大腦一種非凡的境界，然而平等心是可以在日常經驗中體驗並練習的。前面所探討過的底層神經作用告訴我們，有幾種方法可以用來培養平等心。

理解

我們要學會認出獎賞的無常本質，明白它們往往沒有那麼棒，也要能看出痛苦經驗的無常大多也沒那麼可怕，歡愉及痛苦都不值得擁有或認同。再者，想一想每個事件都被無數的前因決定，於是今天招致這種結果本來就不意外，這並非宿命論或絕望，我們仍舊可以採取行動，使未來展現不同的面貌，但到了那時，還是要記得決定未來的因素多半並非操之在己，即使每件事我們都做對了，玻璃還是會破、計畫還是會不了了之、我們還是會染上流行性感冒，或者朋友還是會很生氣。

想要的減少，我就致富了。

——梭羅（Thoreau）

意向

不斷提醒自己平等心為何如此重要：因為我們希望從貪愛與隨之而來的痛苦中得到解脫。要經常喚起我們的意向，要注意「受」，讓它的四周有一個廣闊的空間，無論來了什麼都順其自然，不加以回應。我們可以在電腦或電話附近放張小便條紙，上面寫著「平等心」，或者放置一幀有寧靜氛圍的圖片，提醒自己念念不忘平等心。

穩定的心

第十一章與第十二章將探索如何培養更加穩定的心。心更加穩定時，尤其要注意中性的「受」，引起愉悅或不愉悅的「受」的刺激，比中性的「受」激起更多大腦的活動，因為它們需要更多的考慮與回應。大腦自然會不理睬中性的刺激，我們必須有意識地對它們保持注意，若對中性經驗越敏感，當我們的心與它們同在時就會越來越自在，而不太會去尋求獎賞或掃描危險。最後，中性的感受會像我的老師克莉絲汀娜‧費德曼所說的：「通往平靜無事的入口。」——那是生命存在基礎的平靜入口，永不改變，永遠一樣。

廣袤的覺知

想像一下，在覺知的廣袤開放空間中，心的內容物像流星般來來去去。我們的經驗所生起的「受」只是更多穿越此一空間的內容物，無限的空間包圍著它們，使它們微不足道、不受它們干擾且不受它們穿越而影響。覺知的空間任由每一個心的內容物存在或不存在，來或去。念頭只是念頭，聲音只是聲音，情況只是情況，人不過就是做他們自己而已，一如阿姜蘇美多所言：「信任覺知，信任覺醒，不要信任無常及不穩定的因緣。」

輕安

輕安指的是不依「受」而行事，例如不會因為某事愉悅就自動去做它。禪宗三祖說：

「至道無難，唯嫌揀擇。」[14]每天挪出一段時間，甚至一分鐘也行，在此時間內有意識地不再偏向愛或憎，然後逐漸花更多時間擴展這項練習。慢慢地，我們的行動會被重要性與德行引導，不再為追逐正面或負面的「受」而被欲望牽著鼻子走。

活化副交感神經系統能產生輕安的感受，本書已在第五章介紹如何激勵它。我們可以列出引發自己強烈貪愛與瞋怒（廣義而言）情況的清單，依序列出最微小的觸發到等同重大火警那樣嚴重的爆發，然後從比較容易的情況著手，在清單上一項一項向上努力；此外也可以利用第五章的一些方法，在這些情況下刻意集中注意力，藉此帶來更深的輕安，例如深呼氣、對恐懼具有正念等，或者尋找依歸處。

在困難的情況下，還是可以維持內心的平靜。以下兩個例子分別發生在兩個不同的世界，卻有相同的平等心。

喬・蒙大拿（Joe Montana）常率領美式足球四十九人隊進攻，而敵隊體重三百磅的防衛前鋒向他猛衝過去，想把他壓倒在地！他的隊友說，比賽進行得越瘋狂或越拚命，喬就越冷靜，而妻子和我常常開這樣的玩笑：「在超級盃決賽的第四節還剩三分鐘時，只剩八碼攻方持球觸地得分就要決定誰輸誰贏了——這時，喬只要想射進，他就絕對射得進。」

而在東方，一九五〇年過世的印度聖者拉瑪那・馬哈希（Ramana Maharshi）[15]在生命末期時手臂生癌，雖然一定很痛苦，但他在最後的日子裡仍平靜而愛人。有一次，他帶著美麗的微笑向下注視，只說：「可憐的手臂。」

佛教對生活中不同的狀況有個比喻，稱之為「八風」：苦和樂、稱和譏、利和衰、毀和譽，平等心越深厚，這些風就越吹不動我們，我們的快樂也就無所限量，而不是看一時吹的是好風還是壞風來決定。

重點提要

✻ 平等心係指無論我們的反應是什麼，都不回應它。

✻ 平等心在經驗的「受」四周製造了一個緩衝區，如此我們就不會用貪愛來回應它們。平等心像斷路器，阻斷心的正常順序，也就是從「受」到貪愛、到執取、到受苦。

✻ 平等心並不是冷淡、冷漠或無感，而是我們存在於世界上，卻不為世界所苦。廣大的平等心對悲心、慈心及喜心都是重要的支柱。

✻ 我們可以在日常生活與禪修中，透過對經驗的「受」更具正念且更不執迷來深化平等心。「受」來

14 譯註：語出僧燦鑑智法師所著《信心銘》。
15 譯註：「二元論吠檀多」（Advaita Vedanta）學派的開創者。

來去去，並不值得追求或排拒。

✻平等心是一種非凡的腦部狀態，它並非藉由前額葉來抑制邊緣系統，而是根本不對邊緣系統回應。這可能是利用四種神經的因緣條件而達成：①前額葉與前扣帶迴皮質活化，以產生理解和意向；②心的穩定，首先由前扣帶迴皮質監管而驅動，接著自發而生；③大腦大片區域一致發射高速的伽瑪波，使內心產生廣闊的感受；④活化副交感神經系統，來抑制邊緣系統／交感神經系統／下視丘—腦下垂體—腎上腺皮質軸的反饋回路。若讓壓力反應系統回應自己的反應，會造成惡性循環。

✻我們可以用本章概述的方法以及本書中討論到的各種細節，來強化平等心的神經因素。如此一來，我們的快樂會逐漸無所限量，而且不可撼動。

第4部

愛

每個人的心中都養著兩匹狼，一匹愛之狼，一匹恨之狼。一旦修習慈心，便馴服了恨之狼，餵養了愛之狼，這有許多方法，包括形成慈心的意向、將這意向轉換為特定的祝福、修行慈心禪、注意日常的慈心，以及以愛本身為修行的道路。

第八章
內心的兩匹狼

一切眾生在自然天擇中，都以快樂的感受為前提，尤其是從社交和愛家庭而來的快樂。

——查爾士・達爾文（Charles Darwin）

我聽過一個美洲原住民長者的故事。有人問她為何如此智慧、如此快樂、如此受人尊敬，她回答：「我心中住著兩匹狼：愛之狼和恨之狼，全看我每天餵的是哪一匹。」

每次聽到這故事，我都會一陣戰慄，它既讓人謙卑，又讓人抱著希望。首先，愛之狼到處都是，但我們哪個人不是同時也養著一匹恨之狼？遠如遠方的戰爭，近如家庭之中，我們都會在自己的憤怒與攻擊性裡聽見它嗥叫，甚至對我們摯愛的人怒吼；此外，這個故事也告訴我們，每一個人都有能力在日常行動中激勵並強化同理心、悲心及慈心，同時也能節制並減少惡意、蔑視與侵略。

這兩匹狼究竟是什麼？牠們打從哪兒來？我們如何餵養愛之狼並餓死恨之狼？本章將研究第一個問題，而下面兩章將探索第二個問題。

人際關係的進化

雖然恨之狼在頭條新聞露臉的機會比較多，但愛之狼其實在進化中被餵養得更結實，也更貼近我們最深的本性。古老海洋中小小的海綿耗費無數歲月才進化成今天的人類，其中最有助於人類生存的，就是與其他人類成員的交流。從過去一億五千萬年的動物進化過程來看，社交能力的優勢被公認為是影響大腦發展最重要的因素，而在演化過程中，有三個重要的突破讓我們每天都能從中受益。

脊椎動物

第一個原型哺乳動物可能活在一億八千萬年前，接著是三千萬年前最早出現的始祖鳥（這些日期都是大略推算出來的，因為沒有明確的化石記錄）。哺乳動物與鳥類面對著與爬蟲類和魚類同樣的生存挑戰，也就是艱苦的棲息地及飢餓的掠食者，但以體重比例來說，哺乳類與鳥類的大腦比較大一點，這是為什麼？

爬蟲類和魚類通常不會照顧牠們的幼小子女，甚至還可能吃掉牠們，而且通常一生中沒有伴侶。相形之下，哺乳類與鳥類會撫育幼小子女，此外也常有親密的配偶關係，一生相守。以進化神經科學的觀點來看，哺乳類及鳥類由於選擇好伴侶、分享食物、維持幼小下一代存活的「計算性需要」（computational requirements），因此需要更多神經來處理，是以松鼠或麻雀一定比蜥蜴或鯊魚聰明，因為牠們比較懂得計畫、溝通、合作與妥協。人類夫婦成為父母時也需要同樣的技巧，尤其是想讓伴侶關係維持下去的話。

靈長類

大腦進化的下一個重要階段，首次出現於八千萬年前的靈長類，而且不論是在當時還是現在，特點都是具有良好的社交能力。舉例而言，猴子和類人猿一天花六分之一的時間為猿猴族群中其他成員梳毛，有趣的是，有人研究巴巴利獼猴（Barbary Macaques）後發現，比起被梳毛的獼猴，梳毛獼猴更能獲得舒緩壓力的效果。這個進化的結果是，社交成功（同時反映人際關係的技巧）的雌性與雄性靈長類會有更多的後代。事實上，若我們從繁殖族群的大小、梳毛伴侶的數目與階級的複雜性來衡量，越具社交能力的靈長類，其皮質相對於大腦其他部分所占的比例越大，這意味著，越複雜的人際關係需要越複雜的大腦。

再者，只有大猿猴（great apes，靈長類最現代的科，包括黑猩猩〔chimpanzees〕、大猩猩〔gorillas〕、長臂無尾猩猩〔orangutans〕和人）發展出「梭狀細胞」（spindle cells），這是一種奇妙的神經元，可以支援高級的社交能力。舉個例子，大猿猴經常會安慰猿群中心情不佳的成員，雖然這種行為類型在其他靈長類並不常見；而黑猩猩會笑也會哭，就像我們人類一樣。

梭狀細胞只存於前扣帶迴皮質與腦島中，亦即這些區域及它們同理心和自我覺知的功能，在過去幾百萬年中歷經急劇的進化，換句話說，人際關係有利於近代靈長類大腦的進化。

人類

大約兩百六十萬年前，我們的猿人祖先開始製造石器，從那時開始到現在，人類的大腦成長了三倍，然而大腦卻使用了比等量的肌肉多十倍的新陳代謝資源，同時大腦增大的現象也引發女性身體的進化，好讓腦容量較大的小寶寶從產道出生。想當然爾，讓大腦快速成長必有極大的生存利益，人類才願意付出這種生物學上的代價。

大部分增加進來的腦部都用於社交、情緒、語言和概念的處理。例如人類比另一種大猿猴擁有更多梭狀神經元，這些神經元創造了一種訊息的高速公路，從前扣帶迴皮質與腦島——掌管社交和情緒智商的兩大重要區域——通向大腦的其他部分。雖然一隻成年黑猩猩比兩歲小孩更了解物理世界，但那年歲尚稚的人類早就更精通人際關係了。

這些神經進化的過程聽起來也許很枯燥、很遙遠，但它影響我們每天出生入死的奮鬥。百萬年以來，直到一萬年前農業興起為止，我們的祖先生活在狩獵與採集的社會中，族群成員通常在一百五十位以下。他們主要在自己的族群內交配，同時找尋食物、避開掠食者，並與其他族群競相爭取稀少的資源。在嚴酷的環境中，和其他成員或族群合作的人比較長壽，也留下比較多的後代，而團隊合作強的族群在獲取資源、生存、傳遞基因方面，均勝過團隊合作弱的族群。

更驚人的是，在一代之內小小的生殖上優勢，久而久之也會累積驚人的變化，就像在一個長長的棒球季中，平均打擊率只要有小小的不同，一旦累積起來就很不一樣了。自工具發明之後的十萬代，這些培養人際關係能力與合作傾向的基因改變了人類的基因庫，今日我們在人性特質的神經基礎上都能看到這些成果，包括利他、慷慨好施、重視名譽、公平、語言、寬恕，以及道德與宗教。

同理心的回路

強力的進化過程形塑了神經系統，於是產生了合作關係的能力與傾向，在我們心中餵養一匹強壯且友善的狼。在這些一般的社交能力上，相關的神經網絡也支持**同理心**，換句話說便是感知另一人內心狀態的能力。親近便需要這樣的同理心，如果沒有同理心，我們的生命便有如螞蟻或蜜蜂，雖然和他人有接觸，但基本上是孤獨的。

人類是至今在地球上最具同理心的物種，我們優異的同理心能力是靠著以下三種神經系統，進而刺激另一人的行動、情緒與思想。

㈠行動

當我們採取一個行動，或看到另一人執行一個行動，大腦知覺——運動系統的網絡就會點亮，帶給我們一種感覺，讓我們知道對方的身體有何感受。事實上，這些網絡的確會反映他人的行為，為此我們使用「鏡像神經元」（mirror neurons）這個詞彙來形容。

㈡ 情緒

當我們經歷到強烈的情緒，例如恐懼或憤怒時會活化腦島和它所連結的回路；當我們看到其他人有同樣的情緒，特別是摯愛的人，也會點亮它們。我們若越能覺察自己的情緒狀態與身體覺受，前扣帶迴皮質和腦島便越活化，如此也就越容易讀出別人的心。事實上，邊緣網絡不但產生情緒，也會感知別人的情緒，因此一個人若不善於表達情緒（例如中風的後遺症），常常也比較不善於辨認他人的情緒。

㈢ 思想

心理學家使用「心智理論」（Theory of Mind, ToM）一詞，代表人類能夠了解另一人內心運作的能力。心智理論仰賴近期才進化出來的前額葉與顳葉結構，其能力在大約三、四歲時出現，但要等到青少年末期與二十歲出頭，前額葉才完全髓鞘化（myelination，也就是在一路高速傳遞神經訊號的軸突外層生出一層絕緣體）時，才會完全發展成熟。

這三種追蹤他人的行動、情緒與思想的系統會互相支援，例如感覺運動神經及邊緣系統神經會與他人的行動及情緒產生共鳴，藉此提供許多訊息以供心智理論處理。接著，一旦我們形成了一個有事實根據的合理猜測（往往在幾秒鐘之內就形成），我們便能在自己的身體與感覺上驗證是否無誤。這些系統一起運作時，能幫助我們徹底了解另一個人正處於什麼樣的狀態，下一章將介紹加強它們的各種方法。

愛與依附

由於人類的大腦進化得更龐大，童年期也因此拉長，是以原人族群必須想辦法讓成員們長年連結在一起以便長期生存，正如非洲諺語所說的「傾一村之力，養一個孩子」，並藉此將族群的基因傳遞下去。為了達到這個目的，大腦獲得了強力的回路及神經化學來產生並維持愛與依附，而這是人類的心產生愛情、心痛、深情和家人間親密經驗的生理基礎。當然，除了大腦之外，還有其他因素影響愛，包含文化、性別、個人心理學都扮演十分重要的角色。

然而，許多發展神經心理學的研究成果已讓我們了解到，為何愛有時脫序得如此嚴重，以及我們可以如何修正它。

有愛，感覺很好

在所有人類的文化中都看得到愛情的蹤影，這說明愛深存於人類的生物，乃至於是生化的本質上。親密與愛的神經化學作用中，雖包含腦內啡與血管加壓素（vasopressin），但主角很可能是催產素，這個神經調節物質產生關懷和珍惜的感覺。

女性和男性都有催產素，雖然女性比較多。催產素鼓勵人們目光相接、增加信任、降低杏仁核的活動並推動親近他人型（approach-type）的行為，並在女性有壓力時，支持她們想與朋友聯絡的行動。

處理迷戀和長期依附的，則是不同的神經網絡。愛情關係在初期很自然地被強烈的、反覆無常的獎賞所控制，這時利用的是多巴胺的神經網絡；當愛情關係逐漸轉為柔和且穩定的滿足時，是催產素及相關系統上陣；至於相愛一生的伴侶，靠的是多巴胺持續刺激兩人腦中的快樂中樞。

失去愛，感覺很糟

除了追求愛的快樂之外，我們也盡力避免愛情結束的痛苦。被愛人拋棄時，部分的邊緣系統會點亮（當然，若從事高風險性投資時跌得很慘，同樣的部分也會被活化），因為引起生理痛苦與社交痛苦的神經系統是交疊的，這項事實說明了，被拒絕是很痛的。

孩子及依附

當這些神經生物因素與其他影響（例如心理、文化、實際情境）合在一起時，往往導致愛的結晶誕生，而且催產素也會促進親密感，尤其是在母親的身上。由於強烈的依附能增加在荒野中生存的機會，於是孩子進化成可愛的一方，父母則進化成愛人的一方；依附系統利用許多種神經網絡——那些處理同理心、自我覺知、專注力、情緒調節、動機的系統——將父母與孩子緊密地織在一起。最後，孩子與照護者間一再重複的經驗，會透過神經網絡形塑孩子、孩子對他人的關係以及孩子對自己的感覺。

但願一切進展順利，但實際上，這些經驗僅發生在孩子最脆弱的年齡，也是父母通常最感壓力、最損耗的時期，這是與生俱來的挑戰。人類的親子關係在動物界中十分獨特，它有一種特別的力量，影響每個成人如何追求並表達愛。在下一章，我們將探索我們如何影響自己的方式。

恨之狼

既然獨特的進化背景使我們合作良好、有同理心且愛人，為何人類的歷史充滿自私、殘酷與暴力？

經濟及文化因素當然有影響，然而無論是狩獵與採集、農業、工業社會、共產主義或資本主義、東方或西方，橫跨各種不同社會的故事大都沒什麼不同，基本上都是對「我們」效忠並誓言保護，對「他們」懼怕並採取攻擊。前面已說明「我們」的立場如何深存於天性之中，現在，讓我們研究為何我們對「他們」如此懼怕並採取攻擊。

下流且粗野

幾百萬年來，人類祖先不斷遇上飢荒、掠奪者與疾病，更糟的是，氣候的變化帶來灼熱的乾旱與寒冷的冰河時期，讓生物間對稀少資源的競爭越發激烈。雖然原人與人類人口可能的成長率是每年增加百分之二，但全部算起來，惡劣的條件仍讓人口數基本上持平無增。

在那些艱苦的環境中，我們的祖先若在族群內相互合作並攻擊其他族群，他們在繁衍後代上便能取得優勢，因此合作與攻擊共同形成綜合效果，也就是族群內的合作關係越良好，攻擊其他族群時就越容易成功，同時，當族群間互相攻擊時，也需要族群內的合作才能致勝。

愛與合作利用多種神經系統，攻擊和仇恨也一樣：

- 大部分的攻擊是對危險的感覺做出回應，所謂的「危險」甚至包含細微的不自在與焦慮的感受。由於杏仁核是用來記錄危險的，而且會被它的「認知」更加活化，因此許多人感覺到越來越危險，也就越來越具攻擊性。
- 一旦交感神經系統／下視丘—腦下垂體—腎上腺皮質軸活化，如果我們選擇戰而不逃，血液會湧向手臂的肌肉準備攻擊，雞皮疙瘩會讓毛髮豎立，讓我們藉此恐嚇可能的攻擊者或掠奪者，同時下視丘也會在情況危急時引發暴怒的反應。
- 當我們攻擊時，睪丸素（testosterone，男女都有）會大增，血清素則降低。
- 左前額葉與顳葉的語言系統，和大腦右半球的視覺空間處理同時運作，進而判斷對方是友是敵，是人類還是其他生物。
- 「熱」攻擊——其中有許多交感神經系統／下視丘—腦下垂體—腎上腺皮質軸活化——常用情緒將前額葉淹沒，但「冷」攻擊只活化少許的交感神經系統／下視丘—

腦下垂體—腎上腺皮質軸，並利用長時間的前額葉活動，俗話說「復仇這道菜，冷才夠味」（Revenge is a dish best served cold.）[16]正是此意。

這些神經動力學所帶來的結果，你我皆耳熟能詳：善加照顧「我們」，並懼怕、蔑視且攻擊「他們」。研究顯示，大部分的現代狩獵與採集族群（其社會環境很像我們的祖先）常和其他族群發生衝突，這些摩擦雖沒有現代戰爭那麼震撼，但打起來更能致人於死。根據統計，在狩獵與採集社會中，八名男子裡約有一名因戰爭而死，而二十世紀的戰爭則是一百名男子中有一位戰死。

如今，我們的大腦仍舊擁有這些能力與傾向，它們在校園幫派、工作場所的政治角力與家庭暴力等地方運作（這和健康的競爭、率直、為我們所關懷的人或事激昂地倡議不同，它們並非出於敵意而攻擊）。更廣泛地說，我們的攻擊傾向又被成見、壓迫、種族清洗（ethnic cleansing）與戰爭加油添醋，其中有些傾向往往是人為操作出來的，例如為了使父權式、獨裁式的控制合理化，不惜妖魔化「他們」，但人類的進化歷史中若沒有族群之間相互攻擊的傳統，這類操作不會那麼成功。

容不下什麼？

愛之狼看到一個廣闊的地平線，一切眾生都包含在「我們」的圈子內；恨之狼的「我們」圈子可就小多了，只包含國家、部落、朋友或家人，更極端一點的則只有個別的自我才算「我們」，並同時被大批具有威脅性的「他們」包圍著。事實上，有時這個圈子小到是心的一部分恨另一部分，例如有些人不敢直視鏡子，因為他們覺得自己長得很醜。

禪宗說「無所不容」，亦即在覺知中無所不容，在修行中無所不容，在心中也無所不容。但當圈子縮小時，問題自然來了：我們容不下什麼？也許是世界另一端不同宗教的人、政治觀點相左的鄰居、麻煩的親戚、傷害過我們的老朋友，也許是我們覺得不如自己重要的人，或者只不過是我們為達目的而利用的人。

一旦將人放在「我們」的圈子外頭，心／腦便自動開始貶抑對方，並告訴我們對他不好是應該的，於是恨之狼便站起來準備行動，只差一步便主動攻擊。不妨試著注意看看，一天裡我們有多少次把他人歸到「不像我」的那一類，尤其是很細微的原因，諸如不合我們的社

16 編註：亦即君子報仇，十年未晚。

會背景啦、和我們的風格不同等等。讓人驚訝的是，我們多麼習以為常而毫無自覺！當然，我們可以有意識地放掉那相異之處，注意自己和對方的相同點，想想我們和對方為何都該屬於「我們」的圈子，並感受一下，此時我們的心有何不同。

很諷刺地，「容不下什麼？」的答案是：恨之狼本身。我們常常不看它，認為它沒什麼影響，例如不好意思承認看到電影裡的英雄殺掉壞蛋時，心中覺得有多爽，然而無論喜不喜歡恨之狼，牠一直活著而且藏在每個人的心中。聽到國內某處發生凶殘的謀殺案、世界上遙遠的某處發生恐怖事件和虐待，或者比較微小的，例如每天對身邊的人發脾氣時，我們很容易搖著頭想：「他們到底出了什麼問題？」但是，他們其實就是**我們**，我們基本上都有同樣的基因。無明是受苦的根源，它讓我們不承認自己天生的基因中就有攻擊性，不過，我們也可以看到群體間強烈的衝突有助群體內的利他主義，也就是恨之狼能孕育出愛之狼。

恨之狼深深嵌入人類進化歷史和今日每個人的大腦，隨時可以對來到面前的威脅咆哮，然而，若我們對恨之狼及它客觀、進化的源頭務實些、誠實些，卻能產生自我慈悲。我們心中的恨之狼固然需要馴服，但牠潛伏在心理陰影中卻絕非我們的錯，牠折磨我們可能比折磨別人更甚；再者，當我們身處某個狀況中，像是和鄰居爭執、教訓小孩、回應工作上的批評時，我們感覺自己受到不公平的對待並蓄勢待發，於是恨之狼又開始騷動起來，不過，只要對牠有所認識，便能讓我們謹言慎行。

當我們看晚間新聞——甚至只是聽小孩鬥嘴——有時恨之狼彷彿控制了我們的人性，攻擊和衝突的「烏雲」比連結與愛的廣大「天空」奪去更多的注意，有如以休息狀態的副交感神經系統活化為背景，前方突顯著清醒的交感神經系統／下視丘—腦下垂體—腎上腺皮質軸。事實上，大部分的人際互動都帶有合作的特質，人類與其他靈長類常會節制恨之狼並修補牠所造成的傷害，回到合理的正面人際關係底線，而大多數人在大多數時候，心中的愛之狼比恨之狼強大。

愛與恨在每個人心中活著、打滾著，就像幼狼在山洞裡扭打。我們倒不必殺掉恨之狼，因為懷著排拒的企圖反而會產生我們想毀滅的東西，但我們可以仔細看顧恨之狼，栓好牠，限制牠的恐慌、自以為是、怨氣、惱怒、蔑視與成見，同時繼續滋養並鼓勵愛之狼，而在下面兩章，我們將繼續討論如何餵養愛之狼。

重點提要

* 我們每個人心中都養著兩匹狼，一匹愛之狼，一匹恨之狼，一切取決於我們每天餵養的是哪一匹。
* 恨之狼雖然比較引人注目，但愛之狼其實更大更壯。過去幾百萬年的發展是推動大腦進化的主要因

素，例如哺乳類和鳥類的大腦比爬蟲類與魚類大，大多是因為要處理與配偶和後代的關係，而靈長類中越擅長於社交的，大腦便越大。

✻在過去三百萬年間，人類的大腦增大了三倍，大部分增大的部分用於人際能力，像是同理心和共同計劃。在我們祖先所處的艱困情況中，合作有助於生存，因此能促進合作的因素早已編織在大腦裡，包括利他、慷慨、重視名譽、公平、語言、寬恕、道德及宗教等。

✻同理心透過刺激他人的行動、情緒和思想的三個神經系統而產生。

✻大腦體積更大的同時，早期的人類需要較長的童年來發展並訓練大腦。當童年期變長，我們的祖先便需要找尋新的方法來連結親子與其他族群成員，以便「傾一村之力，養一個孩子」。有多種神經網絡能幫助我們做到這一點，例如仰仗多巴胺及催產素的獎賞系統，以及當我們在社交上遭到拒絕時，感受到如同身體之痛的痛苦的懲罰系統。

✻同一時間，恨之狼也演化了。狩獵與採集社會的族群常相互施加高度致命的暴力舉動，族群內的合作使族群間的攻擊更為成功，而攻擊後的獎賞如食物、配偶、生存等又推動了族群內的合作。合作和攻擊——愛與恨——同步形成，這種能力及傾向到今日仍存在於人類身上。

✻恨之狼會縮小「我們」的圈子，有時候甚至只剩自己在圈子裡。大腦習慣將「我們」和「他們」分成不同的類別，然後自動偏愛「我們」並貶低「他們」。

✻諷刺的是，有時恨之狼會被歸類到「我們」的圈子外，但我們不必殺掉牠。若是排拒牠，牠只會在陰影中成長，我們需要的是認識恨之狼，並感謝愛之狼的力量，然後克制前者，餵養後者。

第九章
慈悲和率直

我們若讀得出敵人祕密的過去，
會發現每個（人的）生命中的哀傷與痛苦，
足以使人放下任何敵意。

——亨利．沃茲沃思．朗費羅（Henry Wadsworth Longfellow）

我在一所禪修中心任職董事九年，那段期間，我常對禪修老師如何表達觀點大感折服。他們對他人所關切之處非常慈悲，但仍非常清晰且積極地說出自己的想法，沒有這個、那個或吞吞吐吐，之後，他們只是順其自然，並不防衛或爭辯。這種敞開與直接的組合非常有力量，一方面把事情辦妥，一方面滋生禪房中的愛。

這就是慈悲和率直一齊運作的示範，也是讓人際關係滑翔起飛並持續飛行的雙翼，它們彼此互相支援。慈悲在率直中加上關懷，而率直有助於我們更自在地散發慈悲，因為我們知道自己的需要不會被犧牲；另一方面，慈悲擴大了「我們」的圈子，而率直能保護並支援圈子中的每個人，因此慈悲與率直都餵養了愛之狼。

在本章，我們將探索如何聰明地運用大腦，來強化天生的慈悲與率直能力。要能真正的慈悲，首先我們必須感受到另一人經歷到什麼，我們必須藉由同理心斬斷大腦老是想區分「我們」與「他們」的自動傾向。

同理心

良好的人際關係必以同理心為基礎。當有人與我們同理，我們會感覺到內在生命真正為對方而存在，也就是說，對方成了「神」，而我們像神之子民的「汝」（Thou），我們的感覺和需要有其所本。同理心讓我們放心，知道對方多少懂得我們的內心活動，尤其是意向和情緒，一如丹尼爾・席格說的：「我們是社會動物，需要感到**被感覺到**。」

另一方面，從我們是付出同理心的人的此一觀點來看，同理心代表尊重和撫慰人心，通常會喚起善意的回報，因為對方所求於我們的，往往也不過是同理心而已；如果除了同理心之外，那人還有什麼進一步需要談的，我們可以營造出比較正面的氣氛來回應。再者，當我們懷抱同理心時，許多有關對方的訊息會浮現，包括他心裡想的其實是什麼、他真正關心的又是什麼。例如某位女士嚴厲批評我們，但我們可以感受到她有更深層的需要，特別是比較柔軟、比較年幼的需要，如此一來，我們更加了解真實狀況，原先對她的沮喪或憤怒就能減低，而她也因為感受到我們內在的改變，進而更了解自己。

然而，在此必須先澄清一點：同理心並不是同意，也不是贊成。我們知道某人的行為不盡如人意，大可希望他有所改進，但還是懷有同理心，同理心並不是自動放棄權利。只要明白這一點，我們便可盡量發揮同理心，而無後顧之憂。

在心靈修行方面，同理心讓我們知道彼此本就相依相存，它是正念與好奇，還帶著一點「我還不知道」的心態，幫助我們不會卡在自己的觀點上。除此之外，同理心也是將道德付諸行動、節制自己的反應模式，讓我們全心全意地與另一人相處；它也體現了無害，因此缺乏同理心往往讓我們對他人生氣，無意間還可能傷害到對方；同理心更包含天生的慷慨，因為我們願意被另一人所感動。

同理心的崩潰

同理心雖然有這麼多好處，卻難免在衝突中迅速瓦解，或在長期的人際關係中逐漸消失無蹤。不幸的是，不合宜的同理心會侵蝕信任，更難以解決人際問題（例如覺得遭受誤解），而更糟的情況，是對方根本不想了解我們。

同理心若曾屢屢崩潰，必會帶來後續的影響，而一個人若是越脆弱或事件越攸關利害，影響就越大，好比照護者的同理心若不夠，會對幼小孩子造成不安全依附的心理。在更廣大的世界中，同理心崩潰會引發剝削、成見與可怕的暴行，像恨之狼就沒有同理心。

如何具有同理心

我們可以刻意引發、技巧運用並強化同理心的自然能力。在此先介紹如何訓練大腦的同理心回路。

㈠布置舞台

要有意識地懷著同理心。舉個例子，當我知道太太準備跟我好好「談談」的時候（特別是她不太高興某事，而且很可能跟我有關），我會試著花幾秒鐘提醒自己：「要有同理心，不要故意賣乖，要知道同理心的感覺非常好。」這些小小的步驟可以活化前額葉皮質，讓我們能認清狀況、集中意向，並開啟與同理心相關的神經網絡，同時也為邊緣系統暖身，使大腦朝向同理心的獎賞前進。

其次，放鬆身和心，盡可能地對另一人敞開心房。我們可以運用下一節介紹的方法來感覺自己安全且強大，完全地接受對方並提醒自己，無論他**那邊**心裡怎麼想，我們在**這邊**與他的思想和感受同流，卻不混雜。

繼續注意對方，與他**同在**。由於這種持續的注意並不常見，因此他會非常感謝。我們還可以在心裡指定一個小小的守衛來持續觀察這份注意力，這會刺激負責專注力的前扣帶迴皮質（第十二章會說明什麼是守衛）。就某種說法來看，同理心其實正是一種專注他人內心世界的正念禪修。

㈡ 注意他人的行動

注意對方的動作、站姿、手勢和行動，但重點在於加強大腦知覺—運動的鏡像作用，而不是分析對方的身體語言。觀想我們也做同樣的動作，並感覺這樣做有什麼樣的感受？如果時機恰當，不妨不著痕跡地配合對方的動作，同時注意自己有什麼感覺。

㈢感受他人的感覺

將自己調到與對方同一個頻率上，同時感受呼吸、身體與情緒，我們已經知道這會刺激腦島，並為感受他人的內心感覺打好基礎。接著，密切注意對方的面孔與眼睛，我們的核心情緒會經由普世性的面部表情來表達，它們瞬息萬變，但如果抱持正念就能瞥見，這是老話「眼睛是靈魂之窗」的生物學基礎。最後，讓身體放鬆，讓身體與對方的情緒產生共鳴。

㈣追蹤別人的思想

主動積極地想像對方在想什麼、想要的是什麼、在表面下有什麼在進行著，以及把他內心拉向不同方向的是什麼。想一想我們所認識的他或合理推測的他，想一想他個人的過去、童年、氣質傾向、個性、罩門、最近生命中的事件、我們和他關係的本質，看看這些會有什麼影響？

同時也想想看，今天若我們與對方的行動與情緒同步，會有什麼樣的感受。問自己：他的內心深處有什麼感受？對他最重要的是什麼？他可能想從我這裡得到什麼？記得保持敬意，不要馬上下結論，停留在「我還不知道」的心態。

㈤回頭驗證

如果可以，不妨與對方核對一下，我們是否做得都對，例如詢問對方：「你好像感覺——，對不對？」或者「我不太確定，但是我覺得——。」或者「讓妳心神不寧的好像是——，妳要不要——？」等等。

小心不要以爭議和審查的方式表達自己的觀點，也不要將「同理心」與「不同意」混為一談。將同理心和率直分開，這兩者轉換時要表達清楚，比方我們可以這麼說：「當我們去探望親戚時，我想你大概覺得我沒有照顧到你的感受，所以心情很不好。我已經了解到這一點，而且真的感到很抱歉，以後我會更小心。（停頓一會兒）但是你和蘇阿姨好像聊得很愉快，而且你也沒有告訴我，你需要我多照顧你一些；如果你直截了當地告訴我，當時你想要我怎麼做，我就比較容易照做，而我一向都很願意這樣的。」

㈥接收同理心

如果我們想得到別人的同理心，要記得我們越「能感覺到」，就越可能接收得到，要訣是敞開心，全心臨在而且誠實。我們也可以直接要求他人有同理心，因為有些人可能根本沒意識到，我們覺得接收到同理心有多麼重要（而且對許多人也很重要），所以要直截了當地說我們想得到什麼，而且最好讓對方清楚我們要的是「同理心」，而不是「同意」或「贊成」。一旦感覺到對方多多少少明白同理心在我們心中的份量，便讓接收到同理心的感受滲入內隱的情感記憶中。

與人親近時感覺自在

同理心讓我們對他人敞開心房，而且自然地把雙方拉近，所以若想懷有同理心，我們必須在親近他人時感覺很自在。

然而，要做到這點其實有點難度，因為演化歷史告訴我們與他人接觸總有許多風險，再者，大部分的心理痛苦都發生在親密的人際關係上，尤其是在幼年時期，這時最容易形塑記憶網絡，情緒反應也最不受前額葉皮質調控。總之，我們很自然地不敢與人太親近，但我們可以透過下列的方法，在與他人深度連結時讓自己感覺更安全。

注意內心的經驗

在大腦的中間與下方有個中央網絡，似能整合多種的「社交—情緒」能力，重要的人際關係會刺激這個網絡，尤其是人際關係中的情感層面，若我們比較容易受人際關係所影響，可能會覺得自己被穿流出入這個網絡的訊息淹沒。解決這個問題的辦法是把注意力更專注於自己的經驗上，而不是對方的，例如注意自己的呼吸、動動腳趾，然後注意有什麼感覺，此外也不妨注意一下，雖然我們在感情上與人很親近，但我們仍持續存在、活得很好，如此一來，我們便不會因為與人親近而感到威脅，因而想拉回自己。

注意覺知本身

注意覺知的本身，而非在覺知內感受（有時可能非常強烈）到對方的存在，記住我們只需要專注於覺知，並探索那是什麼樣的狀況。就技術層面來看，覺知的工作記憶層面大半基於前額葉皮質的背側額葉（dorsolateral，靠上靠外）部分的神經基質，與處理「社交—情緒」內容的腹內額葉（ventromedial，靠下靠中）回路不同。一旦我們有所覺知，便會刺激背側額葉回路遠甚於它的鄰居腹內額葉。

運用影像

我們能藉由影像來刺激大腦的右半球。當我們和容易緊張的人共處時，可以想像自己是一棵扎根甚深的大樹，對方的態度與情緒吹拂著我們的葉片，讓葉片不斷搖動，但風總會止息，我們這棵樹仍屹立不搖；或者也可以想像兩人之間有一道柵欄，甚至是三十公分厚的玻璃牆。觀想特定影像後，除了來自影像本身的好處外，活化大腦右半球會增進整體的感覺，而這整體大於任何一個部分，包括我們與人親近時感到不安的經驗。

對自己內心世界具有正念

無論我們是處於人群中還是獨自一人，若對自己的內心世界具有正念，將有助於療癒幼年時沒有得到的同理心。基本上，覺照自身感受時所活化的神經回路，與我們在童年受到他人關注與愛護時被刺激的神經回路是一樣的，所以在此時、在此地，我們給予了自己童年就應得的同理心，久而久之，這種興趣和關懷會滲入生命，讓我們與他人親近時感到更安全。

願你不再受苦

我們可以刻意培養慈悲心，這會刺激並強化底層的神經基質，包括前扣帶迴皮質及腦島。若要產生慈悲心的神經回路，可回想與愛我們的人同在的感覺，同時喚起由衷的情感，如感謝或喜愛等，然後將同理心帶入對方的困境，對他所受的苦（甚至是幽微不可見的苦）敞開我們的心房，讓同情心與善意自然生起（這些步驟在實際的練習中會一起流瀉出來）。

接著，在心中說出清楚的祝願，像是願你不再受苦、願你心安、願你看過醫生後一切就沒事了等等。當然，不使用語言文字來體驗慈悲心的感覺與祝願也行，我們可以將注意力集中在普遍、沒有參照對比的慈悲心，也就是沒有任何特定目標的慈悲心，如此一來，就像西藏比丘馬修・李卡德（Mathieu Ricard）所說的：「博愛與慈悲心遍滿內心，成為全部的生命。」

我們也可以在禪修中練習慈悲心。一開始以慈悲的句子為專注目標，接著，當禪修更加深入時，我們沉浸於慈悲心的感受中，這已超越語言文字，這股感受將充滿我們的心、胸部與身體。當專注更加穩定堅強，我們會感覺到自己朝四面八方散發慈悲心。

無論我們如何或何時感受到慈悲心，都要對這類體驗保持正念，真正攝入。一旦記住它是什麼感覺，以後我們將更容易回到內心的美好狀態，同時，也要在每一天努力對以下五種人懷著慈悲心：感謝的人（恩人）、摯愛之人或朋友、感覺是中性的人（陌生人、普通同事等）、難纏的人，以及我們自己。我們可以注視街道上的陌生人（中性的人），很快地感覺一下他或她的狀態，然後進入慈悲心的感受，或者也可以送慈悲心給動物和植物，或是送給一群人（例如兒童、病患、政客或鄰居）。我們應該對一切眾生生起慈悲心。

雖然向難纏的人送出慈悲心非常困難，但這樣做會強化一個重要的經驗：在苦中，我們都是一體的。當我們看到事物如何相互依存，又看到「上游」的許多因素推動著每一個人，慈悲心就會自然生起，也因此在佛教中，慈悲心的具體形象是慈悲的珍寶住在智慧的蓮花中，這意味著關懷與洞察力相結合。

率直地表達自己

率直表達就是在人際關係瑣瑣碎碎的細節中說出真心話，同時追求目標。在我的經驗裡，巧妙的表達建立在「單方面的道德」和「有效的溝通」之上，以下讓我們一同探討如何在與朋友、同事、情人或家人的互動中，清楚地表達自己。

單方面的道德

道德聽起來似乎高不可攀，其實最腳踏實地，不過就是活出內心的良善，並根據原則來引導生命。當我們有道德時，無論別人怎麼做，他們的行為都控制不了我們。擔任心理治療師的我與許多對夫婦會談過，基本上他們都在說同一件事：「如果你對我好，我就對你好。」也因此，他們的對峙永無止境（雖然這根本非其所願），因為他們都讓別人來決定自己的行為。

相反地，若有單方面的道德，無論另外一人合不合作，我們仍會為自己好而朝向覺醒前進。做好人的感覺非常好，不會被罪疚或懊悔干擾，而享受「不必擔憂身語意之過的喜悅」（the bliss of blameness）[17]。保持原則可以減少紛爭，以免心事重重並培養內在的平靜，而別人也會以對我們更好來回報。如果有需要的話，它可以幫我們將自己設定在道德的制高點上。

> 若想保有這種深度智慧的特質，必須有安靜柔軟的心；若要達到這樣的心的境界，必須先能控制我們的身體和語言，讓它們彼此不衝突。
>
> ——丹津・芭默比丘尼（Ven Tenzin Palmo）

要做正確的事，必須同時利用頭腦和心。前額葉皮質（頭腦）形塑價值、製作計畫、將指示傳遞給大腦其他部分；邊緣系統（心）則灌注內在的能量，使我們即使再困難也會做出正確的事，並支援以心為中心的美德，如勇氣、慷慨與寬恕。甚至連看起來很「頭腦」的道德論理，也利用了大量的情緒處理，因此邊緣系統受傷的人難以做出道德抉擇。

內心的道德由大腦的節制功能來支援，道德與節制兩者都在圍繞著健康的核心目標、站在界限之內、順暢（而不突兀混亂）的改變中尋求平衡。若我們為了找到那平衡之處，將健康的平衡應用於道德，就會發展出自己的「個人守則」，而在這段探索過程中，記得仔細傾聽頭腦與心教我們該如何有道德地堅持自己。

㈠道德均衡

首先，找出我們的核心目標：我們在人際關係中的目標和原則是什麼？例如有個基本的道德價值是不傷害人，包括不傷害我們自己，因此，若我們在人際關係中的需要沒有被滿足，便傷害了自己；如果我們不厚道或懲罰別人，又傷害了別人。另外一種可以設定的目標，就是不斷發掘自己和其他人的真實面。

其次，要站在界限之內。佛教八正道中的「正語」提供了站在界限內的絕佳溝通要領，

17 譯註：語見Anana Sutta: Debtless，Anguttara Nikaya–Catukkanipata 4.62，即《增支部》四集六十二經。

也就是只說善意的、真實的、有利的話語，避免刺耳或惡意的表達，而更理想的狀態是只說他人需要聽的話。[18] 幾年前，我受持一則戒條：絕不出於憤怒而說話或行動。但是頭一天，我就在許多小地方違反了好多次，像是激憤、挖苦、翻白眼、不屑等不一而足，但久而久之，這個戒條逐漸刻骨銘心。這也是一個非常有力的修習，它強迫我們把互動慢下來，不去火上加油把事情越搞越糟，同時也讓我們看見憤怒底下真正的問題（例如受傷、憂心或罪疚）。若能做到，我們會對自己感覺很好，因為是我們在掌控自己，而且不會在緊繃狀況下還加上自己的情緒反應。

當然，站在界限之內的原則也可以應用於他人，如果有人跨越了我們的界限，比方不尊重我們，當我們表示不想再談下去時，他還繼續咆哮，這等於把我們人際關係的平衡推到界限之外，基於我們的守則，當然也包括不必忍受這種情況（以下「有效溝通」一節中，將探討如何堅持自己的立場）。

第三，緩慢且順暢地改變。在一系列的研究中，心理學家約翰‧高特曼（John Gottman）提到，與別人討論事情時，若有可能發生不愉快的結果，則步調應慢慢推進。當我自己學會這方法之後，發覺情況真的好多了！我不再一腳踏進門就批評伴侶怎麼讓所有燈都亮著。迅速且唐突的行動容易引發他人交感神經系統／下視丘—腦下垂體—腎上腺皮質軸的警訊，就像用尖棍去戳睡著的貓一般，絕對會動搖人際關係。這個雖小卻富有技巧的步驟會讓人際關係不至顛簸，例如在火力全開前，先問對方現在是否適合談話，或者不要在結論近在咫尺時，草率地結束一段對話。

㈡個人守則

現在，寫下我們在人際關係中道德的個人守則，可以是寥寥數語，也可以詳細列出「該做」和「不該做」的，無論形式為何，努力寫下有力又能激勵人心、合理又感動內心的話。倒不一定要很完美才有用，反正將來總有機會可以修正，不是嗎？以下是參考範例：

- 多聽，少講。
- 不對他人大喊大叫或威脅對方，也不要讓別人這樣對我。
- 每天問太太三個關心她的問題。
- 每晚六點前回家，和家人一起共進晚餐。
- 只說需要說的話。

18 譯註：《長阿含經》卷十二第二分清淨經第十三：「如來於過去、未來、現在，應時語、實語、義語、利語、法語、律語，無有虛也。」

- 愛人。
- 重信守諾。

寫完後，想像無論發生什麼事，我們都依據守則來行事，同時想像它所帶來的良好感覺與其他獎賞，然後攝入這種感受以鼓舞自己根據守則採取行動。當我們完全遵從守則且諸事順利時，同樣記得攝入這樣的感受。

有效的溝通

如何有效的溝通，可以說的還真不少。以我從事心理治療師與管理顧問的三十多年——以及做丈夫和父親的一些痛苦經驗——我認為以下是關鍵要點：

- 連結上我們最深刻的感受和需要。心就像一個大布丁，有個柔軟、孩子似的、較基本的層次，埋在硬的、成人似的，較表面的層次之下。我們得根據內心的正念，不斷地在人際互動中將自己的目標弄得更清楚，例如是否只想要別人聽我們的？有什麼情況是我們特別希望不再發生的？
- 在人際關係中，我們得負責滿足自己的需要。將注意力集中在獎賞上，不論我們把什麼當作獎賞（例如平靜、和諧），都提醒自己不斷回到這一點；如果對方有他更想討論的課題，雙方就輪流提出。在一段時間內只針對一個主題，別讓不同的主題混在一起。

- 溝通時只表達我們的意見，而不期望在對方身上得到某種特定的回應。當然，我們難免希望得到對方一些正面的反應，但如果溝通是為了去改正、改變、說服對方，那麼溝通是否成功得看對方如何回應，這就不是我們所能決定的。再者，若對方不覺得他是被迫非改變不可，反而更能接納我們。

- 遵循個人守則。在一天結束時，我們和對方還能記在腦中的，倒不是說了什麼，而是我們**怎麼**說的。留意我們說話的語氣，避免使用找碴、誇張或煽動性的語言。

- 說話時，不要不斷談事件（例如對方的行為、我們對他行為的意見等），要不斷回到自己的感受上，特別是我們的情緒、身體覺受、潛藏在心底的希望與願望。沒有人能與我們爭論我們的經驗，它就是它，我們是這世界上唯一的專家。另外分享經驗時要自我負責，而且不怪罪對方，然後在時機適當時可以傳達更深的層次，比方嫉妒下其實躲藏著對愛的渴望。雖然如此敞開有點恐怖，但更深的層次中有著對我們與對方都真正重要的東西，這些層次放諸四海皆準，它不會令人感覺受到威脅，反而會使對方放下防衛，願意聆聽，對此，我極力推薦馬歇爾‧盧森堡（Marshall Rosenberg）在《愛的語言：非暴力溝通》（*Nonviolent Communication*）[19]一書中詳述的方法：「當X發生（事實描述，而不是主觀判斷），我感覺Y（尤其是深度、柔軟的情緒），因為我需要Z（基本的需要和想要）。」

- 當我們說出感受時，試著一邊感受身心的真實狀況，這會增加我們心中的正念，也可能讓對方懷著同理心對待我們。留意在眼睛、喉嚨、胸部、腹部或骨盆處的緊繃，看看自己能否放鬆，讓經驗更自由地流瀉出來。
- 運用具體表現情緒的力量，也就是用身體的姿勢來幫助我們表達感受和心態。這些往往不是我們經常採取的姿勢，比方說，若我們一向保守退縮，那就試著在說話時把身子往前靠一點；如果我們常推開悲傷，那就讓眼神柔軟一些；如果覺得率直很困難，就動動肩膀以打開胸部。
- 若擔心彼此的互動會觸發情緒而演出失常，我們得幫助前額葉皮質來協助自己——多有趣的回路！首先，將我們的關鍵點事先準備好，寫下來也可以，用字遣詞和語氣都要簡單明瞭，接著，想像自己將雙方的互動錄影下來並倒帶重看，確保採取的行動不會讓我們無地自容。

‧如果我們和某人發生爭論後想尋求解決之道，首先應確立事實，如此不但可以縮小爭議的範圍，還會帶來一些有用的訊息，但要注意焦點針對的是未來，而不是過去。大部分的爭吵都和過去有關，例如發生了什麼事、事情有多糟、誰說了什麼、他怎樣說的等等，因此雙方要試著同意從今開始事情將會如何，並盡量說清楚，如果寫下來有幫助的話，就寫下來吧。如此一來，我們就默默地或明顯地使雙方意見一致，不過要注意，採取這個方法時應該像工作上的承諾一般認真以待。

‧對方若對我們有種種不滿，我們當盡力承擔最大的合理責任，找出自己在這方面不盡如人意、需要改進的部分，並做單方面改正，哪怕對方不再買帳。列出對方一切合理的抱怨，我們逐項改正自己，然後從清單上一條條劃去他的抱怨。我們固然可以試著去影響對方的行為，但焦點仍應集中在自己的高尚、仁愛與技巧，雖然這是條比較冷僻的道路，但也是比較仁慈而聰明的路，我們無法掌控對方如何對待我們，卻可以掌控我們如何對待他，而這是我們唯一可以努力的目標；更何況，無論他如何對待我們，我們仍一樣善待他，其實正是促使對方善待我們的最好方法。

19 譯註：中譯本由光啟文化於二〇〇九年出版。

- 給自己一些時間，當時間多了些（自然是幾個星期或幾個月，而不是幾年），對方的真面目自然一清二楚，例如他尊重我們的界限嗎？他會保持承諾嗎？他能修補誤解嗎？他的自我理解與人際互動的技巧（與人際關係的類型有關）的學習曲線怎麼樣？他真實的意向是什麼（久而久之，會由行為中流露而出）？
- 當我們把對方看得更清楚時，有時會認知到兩人的關係需要進行調整。這有兩種情況，一是兩人相處關係比實際的感情基礎熱絡，這註定引來失望與傷害；二是兩人相處關係比實際的感情基礎淺淡，如此難免錯失機會。在這兩種情況中，我們都必須回頭省視自己的初衷，尤其是在合理地努力嘗試讓對方改變之後。舉個例子，我們無法叫同事不要看低我們，卻可以減少雙方接觸的機會、獨自做得很出色、跟別人聯手合作、讓大家有目共睹我們的工作品質等，藉此「裁減」兩人的關係，也就是更接近實際基礎。如果一段婚姻中其實兩人有彼此相愛的基礎，但不太會培養感情，我們可以單方面「增長」這份關係，例如提醒自己以行動表示關懷，並將這份感動滲入內心，或者邀請對方一起進入溫暖的情境，像是和朋友共進晚餐、參加現場演奏的音樂會或禪修團體等。當然，我們也能訓練自己更善於培養感情。
- 從頭到尾說了這麼多，最後要記得從高處俯瞰「全景」，看見爭論的無常性。爭論由許多因緣條件而來，我們必須清楚看見，由於依戀自己的貪愛與意見，又以為事情是衝著我們來所帶來的傷害，我們為此不斷受苦。長期來看，我們與他人的爭論其實沒那麼重要。

• 最重要的，是努力保持慈悲。我們大可一邊與人意見相左，一邊將他們放在心上。一九五〇年中國入侵西藏，但達賴喇嘛如此形容中共政府：「敵人亦是吾友。」曼德拉（Nelson Mandela）繫獄二十七年——大部分時間在採石場做苦工——常常半年才收到一次信，據說他與摯愛的人失去聯絡時快要抓狂，於是決定對警衛付出愛，同時仍對種族隔離抱持堅定的反對立場。一旦他愛著警衛，警衛就很難待他不好，所以獄方只好不斷更換警衛，但曼德拉還是一樣愛新來的警衛。事實上，在他接任南非總統的就職典禮上，一位前任警衛就坐在前排貴賓席呢！

重點提要

✻ 慈悲心是關懷眾生（包括我們自己）的苦，率直則是在人際關係中表達真實的自己並追求我們的目標。兩者一起運作時，慈悲可以為率直灌注溫暖，率直能幫助我們支持自己與他人，而且感到有自信。要知道即使懷有慈悲心，仍能滿足我們自身的需要。

✻同理心是真正慈悲心的基礎，它讓我們知曉他人面對的困難與痛苦。同理心也在其他方面支持人際關係，例如有助於我們了解對方內心的運作。同理心崩潰會令人沮喪，若是發生在脆弱的人如兒童身上，會造成極大的傷害。

✻同理心也能刺激另一人的行為、感受及思想。我們可以透過想像自己的身體會有什麼感受，來刺激對方的行為；調整自己的情緒並密切觀察對方的表情和眼睛，藉此刺激對方的感受；或者想想我們所認識的對方，並擬想他的內心世界，來刺激他的思想。

✻自在地與人親近，能支持同理心與慈悲心，然而人類的演化傳統（認為最大的危險往往來自其他人）與個人的生命經驗（尤其是童年的經驗）組合在一起，這讓我們與他人親近時不太自在。若要增進與人親近時的自在感，可以把注意力集中在我們的內心經驗，而非對方的經驗上，以及注意覺知本身、運用影像、對內心世界具有正念等。

✻慈悲心會使用到前扣帶迴皮質與腦島的能力，若要培養慈悲心，可以強化這些區域的回路。

✻回想與愛我們的人同在的感受，並喚起溫暖的情緒如感謝、具同理心，同時對他人的痛苦敞開心房，祝願他們一切順利。每天向五種人發出慈悲心：恩人、愛人或朋友、感覺中性的人、難纏的人，以及我們自己。

✻有技巧地堅持自己是指單方面的道德與有效的溝通。道德是活出內在的良善，以個人守則為前導，心中的道德有賴大腦的調節作用。道德與調節都需要維持平衡，這個平衡必須環繞著健康的目標、謹守健康的範圍而且緩慢順暢地轉變。

✽ 清楚我們在人際關係中的目標、如何站在自己的界限內、如何與他人和諧互動、如何建立人際道德的個人守則。無論他人做了什麼，只要我們單方面遵從這些守則，就會增加在人際關係中的獨立自主性、自我控制，同時，感覺良好、站在道德的制高點，也是喚起他人良好行為的最佳策略。

✽ 有效溝通的關鍵點包括把焦點放在說出自己的內心話，而不是去改變他人；連結上自己的體驗，特別是深層的經驗；確立事實證據；為他人與我們之間的問題負起最大的責任，同時注意他人為何抱怨我們；盡可能將人際關係的熱絡或淺淡與其基礎的配合；記得「爭論的無常性」，以及保持悲心與慈心。

第十章
無限的慈心

一切世間的喜悅都從希望他人快樂而來，一切世間的痛苦都從希望自己快樂而來。

——寂天菩薩

如果悲心是希望眾生不致受苦，慈心就是希望他們快樂；悲心是回應痛苦，而慈心可以無處不在，甚至在他人好端端的時候也能給予。慈心主要表現在日常小事上，例如給服務生一筆豐厚的小費、即使很累也為孩子多講一個故事，或者在車流中揮手示意，讓其他車輛先行。

慈心（kindness）擁有愛（loving）的特質，因此才有慈愛（loving-kindness）一詞。從隨手幫助陌生人，到對自己孩子或伴侶深刻的愛，慈（kind）與親屬（kin）有著相同的字根，慈心將人們帶入「我們」的圈子，餵養愛之狼。

慈心仰賴前額葉所掌控的意向和原則、邊緣系統所產生的情緒及獎賞、催產素與內啡肽等神經化學物質及腦幹的活化，這些因素提供各種培養慈心的方法，以下將詳細探討。

祝願別人一切都好

我常為兒童服務，而且花很多時間待在學校裡。有一次，我在幼稚園的牆上看到一條超棒的守則：「要對別人好，分享你的玩具。」這就是很好的慈心意向，有了這樣的意向，我們還需要其他事物來主導生命嗎？

我們可以在每天早上為當天建立一個慈心與愛的意向。去觀想以慈心待人所得到的美好感覺，並將這些感受當成獎賞攝入內心，獎賞自然會將我們的心與大腦拉向慈心，效果會擴散得又遠又廣。傳統的慈心願是一種專注並表達慈心意向的方式，我們可以在心中默想，也可以寫下來，甚至用唱的：

願你安全。

願你健康。

願你快樂。
願你自在。

想自行修改也無妨，什麼樣的字眼都能使用，只要能激起我們內心強烈的慈與愛的感受，例如：

願你安全，不受內在和外在的傷害。
願你身體強壯而且充滿活力。
願你真正的平靜。
願你和每一個你摯愛的人都幸福富足。
願你安全、健康、快樂、自在。

也可以像下面這些十分明確的例子：

願你獲得想要的工作。

蘇珊，願妳媽媽對妳很好。

願你在今天的少棒賽中打出一支好球，卡洛。

願你與女兒關係融洽。

慈心的練習就像悲心的練習一樣，包括祝願與感受。在大腦中，慈愛會動員前額葉語言與意向網絡，以及邊緣系統的情緒和獎賞網絡，藉此喚起平等心來打開我們的心，尤其是面對巨大的痛苦與挑釁時。慈心是對每個人——佛教傳統的說法是「無一例外」[20]——生起，一切眾生在我們心中都是「我們」。

跟悲心一樣，我們也能將慈心給予五種人：恩人、愛人或朋友、感覺中性的人、難纏的人，以及我們自己。當我們以慈心對待某人，同時也會利益自己，而且懷著慈心時除了感覺很好，同時也會鼓勵其他人對我們同樣慈愛。

我們甚至可以對自己的某一部分懷著慈心，例如對自己內心的孩子懷著慈心，這會非常

20 譯註：語出《慈經》：「願所有的眾生快樂、安全，願他們的內心是滿足的。不論那一類的眾生，軟弱或強壯；長的、胖短、或短的；小的、中等的、或巨大的。也不論是可見或不可見的，圍繞在我們周圍或離我們遙遠的，已出生或即將出生的眾生，願所有眾生，無一例外地，和喜充滿。讓人彼此間沒有相互欺騙，且不管身在何處，任何一個人都不輕視他人，即使生氣或怨恨，也不想使他人受任何苦痛的心念。」

動人且非常有力，此外對不滿意自己的地方懷抱慈心，像是渴望受到關注、學習障礙、對某些情況感到恐懼等。

慈心禪

我們可以觀照慈心本身，修習慈心禪會帶來一種溫暖的感受，這比呼吸有趣多了，對許多人而言，甚至更容易集中注意力。有一種練習方法是用特定的句子（如前面介紹的）來表達祝願，然後在心中一句句說出來，此外也可以配合呼吸的韻律念出（一次呼吸念一個句子），或者將這些句子當成溫柔的引導，如果專注力散亂了，就再度回到那裡。

始終在慈心的感受中安頓身心，其中有無量的善意、慷慨與珍惜；利用慈心做更深度的專注也是很棒的選擇，記得我們不是專注於呼吸，而是深深滲入慈心，與此同時慈心也滲入我們。別忘了將這種感受帶入內隱記憶，讓美麗的慈線織入生命結構中。

當我們準備將慈心帶給「難纏的人」時，自然會遇上一些麻煩。我們可以先在內心建立平靜、穩定、廣闊的特質，然後開始下功夫，從比較不難纏的人開始，例如某位同事雖然有一點煩人，卻有不少好的人格特質。

日常的慈心

日常生活中，我們可以刻意且主動地將慈心帶入行動、話語，更重要的是帶入意念。試著在內心背景的迷你電影中放映更多有關慈心的主題，當這台模擬器的神經網絡「激發」出更多慈心的訊息，慈心的感受和立場會更「串聯」入我們的大腦；或是試著在特定時間對某人散發慈心，同時也對自己懷抱慈心，看看會發生什麼事。我的老師傑克・康菲爾德有時會鼓勵人們對自己做一年的慈心，這是一個很有力的修習。

召喚愛

在所有的信仰與傳統中，每一位偉大的老師都要求我們要愛人和仁慈。慈心並非用一種多愁善感或膚淺的方式來做好人，而是無懼且熱情地珍愛一切人、一切事，不遺漏任何人。愛是蓮花中的珍寶，和智慧同等重要；愛是一條深刻的道路，佛陀也說：「慈無量，心解脫。」

轉瞋恚為善意

當他人對我們很好或至少不會傷害我們的時候，散發慈悲心比較容易，但最嚴峻的考驗是當我們受到不公平待遇時，仍能以慈悲心待人。《本生經》21中說，佛陀過去曾降生為不同的動物，而那時動物可以說話。有一天，有個獵人來到森林裡，迷路的他墜入一個大坑，怎麼爬也爬不出來。他呼救了好幾天卻沒人回應，於是他越來越餓也越來越虛弱，最後，有隻大猿（也就是佛陀）聽到了並靠過來。

看到深坑既陡且滑，大猿便告訴獵人：「要把你背到安全的地方，我必須先練習把大石頭背上來。」接著，大猿滾了好幾塊大石頭進坑，石頭一個比一個大，然後牠又把它們全都背出來。現在，牠終於準備好把獵人背上來了。

大猿艱辛地背著獵人，抓著岩石與爬藤向上爬。費了好一番功夫，牠才把獵人順利救出，接著自己用盡最後一絲力氣爬出來。獵人環顧四周，很高興自己終於出坑了，大猿則躺在他身旁喘著氣。獵人對牠說：「謝謝你，大猿，你可不可以把我帶出森林？」大猿回答：「可以，人類先生，但我必須先睡一會兒，恢復一下力氣。」

於是大猿睡著了。

獵人注視著牠，開始想：「我好餓，我自己可以找到路走出森林，牠不過是頭動物，我可以用一塊大石頭砸牠的頭，殺死牠，然後把牠吃掉。說真的，有何不可呢？」就這樣，獵人舉起一塊大石頭，重重地砸在大猿的頭上。大猿痛苦地大叫醒來，卻因為這突如其來的偷襲愣住了。鮮血不停流下，大猿看著獵人，明白了究竟是怎麼回事，牠淚水盈眶、悲哀地搖著頭說：「可憐的人，你再也無法快樂了。」

> 絕不可能以怨恨止息怨恨，只有愛可以止息怨恨，這是永恆不變的真理。
>
> ——《法句經》

善意與惡意的觀照

這個故事深刻地觸動我，讓我想了很多：

21 譯註：大猿（Mahakapi）本生故事J. III, 369f.J.516，亦可參考《六度集經》卷五。

• 善意和惡意都是意向，「意」可以向善，也可以向惡，猩猩的意向是助人，但獵人的意向是殺人。

• 這些意向是透過行動和不行動、話語及行為，尤其是意念來表達。當我們感覺到別人在心中亂槍打鳥式地抨擊我們時，有什麼感覺？當我們抨擊自己時，又是什麼感覺？惡意會在心中的模擬器上演許多迷你電影，也就是那些發別人牢騷的蠅頭小事，因此要記得當電影上演時，我們的神經元正串聯在一起。

• 惡意會讓自己看起來合情合理：「牠不過是頭動物嘛！」在當時，那種想法似乎很有道理，就像《魔戒》（*The Lord of the Rings*）裡大臣巧言（Wormtongue）向希優頓（Théodred）國王說的悄悄話，到最後才知道我們自己騙了自己。

• 大猿的慈心是牠自己的獎賞，牠沒有被憤怒與仇恨拖累，即使第一支箭是落下的石頭，也沒有必要用惡意的第二支箭在傷口上灑鹽。

• 大猿也不需要尋求報復，牠知道獵人做了這件事之後，再也不可能快樂了。史蒂芬・蓋斯金（Stephen Gaskin）形容業力就像在沖澡時打高爾夫球，往往球已經反彈回來快擊中打出球的人，但我們想報復的意圖卻擋在中間。

• 放下惡意並不是被動、沉默或任人傷害。大猿並不懼怕獵人，牠也指責獵人理當受指責之處，因此我們大可在權勢面前說出真心話並採取有效的行動，卻不必心懷惡意。想想看甘地（Mahatma Ghandi）和馬丁・路德・金恩（Martin Luther King, Jr.），事實上，若有清明的心智與平靜的心靈，行動會更有效果。

馴服恨之狼

有許多方法可以培養善意並放棄惡意，但我們自然會比較喜歡採用其中某些方法，而此處的重點並非每個方法都去做，這只是讓我們知道馴服恨之狼有許多不同的方法。

㈠培養正面情緒

一般而言，我們要確實培養並發展正面情緒，像是快樂、知足、平靜等。我們可以做一些會感到快樂的事情，然後盡可能攝入這種美好的經驗；正面的感受可以讓身心平靜、形成身心與壓力間的緩衝地帶，並培養互相支援的人際關係，而這一切都可以減低惡意。

㈡覺知自己的引爆點

要正念覺察會刺激交感神經系統而引爆惡意的因素（例如壓力、痛苦、憂慮與飢餓等）。試著及早拆除引信，比方吃了晚餐再談事情、沖個澡、讀些激勵人心的文字，或者和朋友談一談都可以。

㈢練習無諍

如非必要，切莫爭論。努力在心中不隨他人的心流一起打轉，觀照他人意念之下的神經亂流，它們無比複雜、變化無端，神經聚集短暫地隨機生滅、時而協調又時而混亂。對某人的想法生氣，就像對瀑布濺到我們而生氣一樣。試著將我們的思維與他人的思維脫鉤，告訴自己：「他在那裡，我在這裡，他的心不同於我的心。」

㈣別揣度他人意向

別隨意揣度他人的意向。前額葉的心智理論網絡經常揣度他人意向，但也經常猜錯，大多數時候，我們只是別人戲劇情節中的小角色，沒人刻意衝著我們來，想想莊子所說的（我改寫成新時代的版本）[22]：「想像你在獨木舟上正輕鬆愜意，獨木舟突然遭受重擊。你掉落水中，好不容易才爬起來並吐掉滿口的水，此時卻發現原來是兩個潛泳的青少年悄悄游過來，弄翻了船，這時你會有什麼感覺？接著，再想像每件事都一樣，但你看見原來是一塊浮木順流而下，猛然撞到獨木舟才導致翻船。現在，你又有什麼感覺？」

大數人會感覺第二個場景沒那麼糟，因為第一支箭雖然落在我們身上（掉進水中），我們卻不覺得是他人瞄準我們射出第二支箭，讓我們受傷或憤怒。事實上，許多人就像木頭一樣，能避開最好（或少受他們的影響），但他們並非針對我們而來，因此不妨想想，其實他們之所以會如此對待我們，上游必然有諸般因素（請見一萬件事的練習）。

一萬件事

順著自己的步調來做這個練習，睜開眼或閉上眼皆可。

- 將心放鬆並穩定下來，專注於呼吸。
- 回想一件他人沒有公平待你的情況。注意你對那人的反應，尤其是較深刻的反應，並掃描自己有沒有任何惡意。
- 接著，觀照引發對方做出那件事的各種原因。
- 探究影響他的生物因素，例如疼痛、年齡、內心性格或智慧。

22 譯註：見《莊子・山木篇》：「方舟而濟於河，有虛船來觸舟，雖有惼心之人不怒；有一人在其上，則呼張歙之；一呼而不聞，再呼而不聞，於是三乎邪，則必以惡聲隨之。向也不怒而今也怒，向也虛而今也實。人能虛己以游世，其孰能害之！」

● 探究他生命的事實，例如種族、性別、階級、工作、責任或日常壓力。
● 探究你所知道的他的童年，探究他成年以後生命中的重大事件。
● 探究對方的心理過程、個性、價值觀、恐懼、罩門、期望與夢想。
● 根據你所知以及你合理推測的方向探究他的父母，也探究他們如何形塑自己的生命。
● 觀照他有哪些過去的事件或因素，形成他今日生命的因緣。
● 最後深入檢視內心，你現在是否覺得對他有不同的看法？是否對自己也有不同的看法？

(五) 對自己散發慈心

當我們覺得受到不公平對待時，記得對自己散發慈心，這是對心靈的緊急救護。將手放在臉頰或心臟上，這麼做可以刺激身體接收慈悲的具體經驗。

(六) 探究引發因素

檢視惡意底下的引發因素，例如危險或恐慌的感受。實事求是地注視它，檢查我們有沒有誇張它？在眾多好事中，我們是否單單只注意那樁糟糕的事？

㈦ 持平看待事情

持平看待一切事物，大部分事件的影響都會隨著時間而逝，它們也是全景的一個部分，其實往往沒什麼問題。

㈧ 練習慷慨

利用惹惱我們的事物來練習慷慨，人們拿到的，就算他們的，無論是他們的勝利、他們的金錢或時間、他們比較厲害的地方。練習慷慨時，要有節制和耐心。

㈨ 視惡意為苦惱

若將我們的惡意視為**自己**的苦惱，會讓我們比較想放掉它。惡意會帶來不好的感覺，而且也會影響健康，例如常懷著敵意會增加心臟血管的疾病風險等。我們的惡意只會傷害自己，對其他人倒沒什麼影響，就像戒酒協會十二步計畫[23]中說的：「恨意就像是我喝下毒藥等你死。」

23 譯註：指匿名戒酒會十二步戒酒法（Twelve step program of Alcoholics Anonymous）。

(十) 探究惡意

找一天徹底檢視我們是否具有絲毫惡意，看看它的原因是什麼，所造成的影響又是什麼。

(十一) 安頓在覺知中

在覺知中安頓自己，觀察惡意但不認為惡意等同自己，觀察它生起滅去，就像其他感受一樣。

(十二) 接受創傷

活著就會受傷。人們有時候會對我們不好，不管他們是有心或無意，接受這個事實。當然，這並非意味著任由別人傷害，或是棄守原則，我們只是如實接受這個事實，去感覺那份傷痛、憤怒與恐懼，讓它們流過心頭。惡意常使我們逃避深刻的感受與痛苦。

(十三) 鬆脫自我感

不妨試著放下真的有個「我」受侮或受傷的概念（詳見第十三章）。

㈩ 用慈心面對不公平待遇

傳統上，慈心是對治惡意的良藥，所以無論在何種情況下，都要用慈心來對待惡意。佛教設下一個很高的標準：「即使強徒要用利鋸節節支解你[24]，你仍要如此訓練自己：『我們的心不受影響，不說瞋恚的話，我們應該滿懷慈愛，內心不具絲毫仇恨，為他人的幸福安住在慈悲的境界中。』」[25]

老實說，我還達不到這個境界，但我們若在嚴重的不公平待遇下仍能愛人（從某些極端的例子來看，確實有人做得到），當然也能包容比較不嚴重的情況，例如有人插隊，或者被家裡的青少年擺了一道等。

㈩ 溝通

只要多少有用，就有技巧地率直說出真心話，為自己辯護。我們心中的惡意可以告訴我們一些訊息，奧妙之處就在於了解它的訊息，原來惡意其來有自——也許另一人並不是一

24 譯註：源自佛陀某一前世為忍辱仙人時，遭暴虐的歌利王節節支解，卻不生瞋恨的故事。《六度集經》、《法華經》、《大智度論》、《金剛經》、《涅槃經》、《大毘婆沙論》等都曾提到。

25 編註：參考《佛遺教經》：「汝等比丘，若有人來節節支解，當自攝心，無令瞋恨，亦當護口，勿出惡言，若縱恚心，則自妨道，失功德利。」

個真朋友，或是我們需要劃出更清楚的界線——但我們卻不會被憤怒沖昏了頭。

(十六) 對公義要有信心

大猿的故事讓我們看見，他人總有一天會為自己的行為付出代價，但我們不一定非得討回公道不可。

(十七) 不在盛怒下給人上課

要知道，無論我們多麼努力，有些人就是學不會教訓；既然如此，教他們簡直毫無意義，為什麼要徒增自己的麻煩？

(十八) 寬恕

寬恕並不是改變我們的觀點，它僅意味著放下自覺受到誤解而鼓脹的情緒，而寬恕最大的受惠者往往是我們自己（若想更深入探討這個主題，請參考傑克・康菲爾德的《寬恕、私心和平靜的藝術》〔*The Art of Forgiveness, Lovingkindness, and Peace*〕以及佛瑞得・勒斯金〔Fred Luskin〕的《為善而寬恕》〔*Forgive for Good*〕）。

向全世界而散發慈心

要是順著我們自亙古以來遺傳的習性，我們必然會將愛的範疇縮減到「我們」的小圈圈，而這小圈圈又被「他們」所包圍，因此我們應該養成一個好習慣，將這個圈圈向外推，越推越大，直到包括全世界。

擴展「我們」的範圍

注意我們自動認同一個特定團體的心理過程，諸如性別、種族、宗教、性取向、政治黨派或國家。我們會視其他團體的成員為「其他人」，因此應將注意力集中在我們與他們的相同性，而非相異性之上。每件事都和另外一件事相關，「我們」其實就是這整個廣大世界，因為在更深的意涵中，整個地球就是我們的家，地球上的人們都是大家族裡的一份子。要刻意創造廣大的心理範圍，包括自己及常被我們認為「非我族類」的人，例如看到坐輪椅的人時，就想一想自己其實多少也有一些缺陷。

我們總是抬高自己所屬團體的價值，然後貶低其他的團體，這種理所當然的心理過程值得留意。這種價值判斷往往缺乏理性基礎，而且我們的心總是有意無意地小看他人，對我們心中的「我」而言，他人不過是個「它」而已。因此，多注意其他團體成員的優點，把人當人，而非代表某個團體，如此一來可減少許多偏見。

減少威脅感

注意是否常出現備受威脅的感受。當年演化出這種感受的環境，遠比我們今日身處的環境險惡得多，而現在，其他人真會傷害我們的可能性有多大？

相互利益

尋找與其他團體成員相互合作的機會，例如分擔照顧孩子、一起共事等。當人們為了自己的利益而互相依賴時，會感到彼此可靠且可敬，也就很難再視對方為敵。

溫暖心頭

想想許多人遭受的痛苦，也想想他們還幼小時是什麼模樣，這會啟動我們天生對孩子的溫暖與善意；而回憶起與關心我們的人同在的感覺，會刺激我們關懷他人的能力。另外，觀想我們真正關心「我們」圈子裡某個人的經驗，也會產生神經回路來關懷「他們」圈子中的某個人，漸漸地，我們便能擴張這種「我們」的感覺，納入地球上的每一個眾生，一如以下介紹的慈心禪。

慈心禪

● 找到一個姿勢，可以讓你既放鬆又警醒。在呼吸中安頓身心，建立平等心、內心的廣闊與平衡。

● 注意心臟區域呼吸時的覺受，回想起你與摯愛的人同在的感覺。

● 繼續感覺那份愛，感覺那份愛流過你的心靈，甚至和呼吸的節奏一致。感覺那份愛有它自己的生命，它流過你的心靈，而且並不是對特定某個人的愛。

● 感覺那份愛流向你熟識的人、朋友與家人，感覺豐沛的慈心流過你的心靈，與呼吸的節奏和諧一致。

● 感覺慈心向外擴展，流向交情普通的人，希望他們一切安好，希望他們減少痛苦，得到真正的快樂。

●現在，你可能感受到這種慈心像溫暖的火堆、光線，或是像一片湖，溫柔的漣漪向四周擴散，將更多人包括進來。

●感覺慈心向外伸展，甚至包括難纏的人。慈心有它自己的生命和力量，慈心讓你了解有許多因緣影響這些難纏的人，所以他們才和你作對。你甚至希望對你不公的人也減少痛苦，得到真正的快樂。

●慈心的平靜與力量向外傳送得更遠，包括聽過卻未曾相見的人，也包括所有住在你的國家的人，無論你是否同意他們，也無論你是否喜歡他們。

●花幾分鐘，將慈心擴展到地球上數以億計的人，將慈心送給某個地方某個正在笑的人，送給某個正在哭的人，送給結婚的人，送給照顧病童或父母的人，送給憂心的人，送給出生的人，送給垂死的人。

●慈心自在地流過，也許仍與呼吸的節奏一致。現在，你的慈心擴展到地球上的一切眾生，希望他們一切都好，包括各種動物，無論是海裡、陸上或空中的，你希望他們都健康自在，希望各種植物都健康自在，也希望各種微生物、細菌、變形蟲，甚至是病毒都健康自在。希望每一個眾生皆自在。

因此，一切眾生都是「我們」。
因此，一切孩子都是我的孩子。
一切生命都是我的親人。
整個地球都是我的家。

重點提要

✽ 如果悲心是希望某人不再受苦，慈心就是希望他快樂，其中帶有一種愛的質地，因此我們使用「慈愛」一詞。一旦修習慈心，便馴服了恨之狼，餵養了愛之狼。

✽ 這有許多方法，包括形成慈心的意向、將這意向轉換為特定的祝福、修行慈心禪、注意日常的慈心，以及以愛本身為修行的道路。

✽ 當別人對我們好時，懷有慈心不難；最難的是當他們對我們不好的時候，我們仍然保有慈心，也就是在惡意面前保持善意。

✽ 要記得慈心正是慈心對自己的獎賞，根據因果律，當事人自會領受後果，不勞我們討回公道。我們只需要堅持，卻不需墮入惡意。

✽有許多方法可以將惡意轉為善意，並且馴服恨之狼，例如不去揣度他人的意向、別老覺得事情是衝著我們而來、將我們的惡意當成是自己早想卸下的苦惱、以慈心面對不公平的待遇、有技巧的溝通並堅持自己，以及寬恕。

✽擴大「我們」的圈子，盡可能把更大的世界包括進來。自動把人歸類成「我們」和「他們」是個陷阱，小心不要墮入，並想辦法認出「他們」其實就是「我們」，同時在感到危險時仔細想想是否真的有危險。最後，有意識地溫暖待人，向全世界發散慈心。

第 5 部

智慧

穿流過專注力的任何經驗都能形塑我們的大腦和心，而正念正是控制得宜的專注力；正念引發深度與解脫的智慧，洞察受苦的因緣，以及快樂和平靜的因緣，也因此，當我們鬆脫自我的感受，隨順生命的流動，就會感到快樂且知足。

第十一章 正念之處

專注力的教育，等同邁向卓越的教育。

——威廉·詹姆斯（William James）

近年來，「正念」一詞越來越為人耳熟能詳，但它真正的意涵是什麼？其實「具有正念」不過意味著更能掌控自己的專注力，想把專注力放在哪裡就放在哪裡，而且還可以停留在該處，等我們想移到另一處時，就移到另一處。

專注力穩定時，心也同樣穩定，不會被跳進覺知中的念頭打擾或挾持，而是穩定地臨在，地基穩固且不可搖撼。專注力像聚光燈，它所照亮的一切會流入我們的心，也形塑我們的腦，因此只要掌控專注力，就能形塑大腦和心。我們可以訓練並強化專注力，就像訓練或強化其他心的能力一樣，本章與下一章將介紹如何實行，首先，先來探討大腦如何專注。

正念的大腦

動物（尤其是像我們這樣複雜的動物）為求生存，大腦必須平衡三種需求，藉此管理訊息的流動，它們分別是：保存訊息、更新覺知的內容、尋找刺激。

保存訊息

大腦必須能在覺知的前景中保持重要訊息，例如十萬年前一個在非洲大草原上可疑的移動目標，或是一組剛聽到的電話號碼。我的博士論文指導教授伯納・巴爾斯（Bernard Baars）於一九七七年發展出「意識全面工作區」這套有力的理論，用白話來說就是「心之黑板」。無論我們如何稱呼，總之它就是一個存放新訊息、從記憶中調出舊訊息，以及讓心能操作以上兩種訊息的空間。

更新覺知的內容

其次，大腦必須經常以新訊息來更新這塊黑板，無論訊息是由外界環境，還是自內心而來，例如我們在人群中瞥見一張熟悉的面孔，卻怎麼想也想不起她是誰，最後才終於想起原來她的名字是珍・史密斯，一位朋友的朋友——此時大腦便以這個訊息更新了她面孔的影像。

尋找刺激

第三，大腦對刺激有一種與生俱來的渴望，目的可能是為了刺激我們的祖先不斷尋找食物、伴侶及其他資源。這種需要非常強烈，即使在感覺剝奪艙（sensory deprivation chamber，人在完全黑暗與靜默的空間中，漂浮在溫鹽水裡）內，大腦也會為了取得新訊息來處理而出現幻覺。

神經平衡的行動

大腦不斷在這三個專注力的面向中切換，讓我們來看看這如何運作。當我們心中專注於某件事，像是工作上的簡報或呼吸的覺受，支持工作記憶的皮質區域（心之黑板的關鍵元素）較為穩定。想要保持這種狀態，需要設有一扇大門來保護工作記憶，不讓其他訊息穿過大腦，於是當大門關閉時，我們便會專注於某件事物上，直到新的刺激來敲門——也許是一個叫人吃驚的念頭或是一聲鳥鳴——大門就突然打開，讓新訊息進入以更新工作記憶，然後大門又關上，將其他訊息擋在大腦外（當然，實際情形比這個更複雜，在此僅概略性的說明）。

只要工作記憶裡的內容產生適當的刺激，多巴胺就會穩定分泌以關閉大門，如果刺激大量減少，釋放多巴胺的神經元的脈動就會減緩，此時大門開啟，讓新的訊息湧入。另一方面，如果多巴胺的釋放量因機會或危險而大幅增加時，也會重啟大門。

這是一個巧妙的簡單系統，卻產生出複雜的結果。當一隻猴子在樹上大嚼香蕉時，穩定進食的動作讓多巴胺的分泌保持穩定，讓牠的專注力停留在**這棵樹**上，但是當香蕉快吃光時，獎賞與多巴胺的分泌降低，牠會想到**那棵樹**上的食物，而這個意念便進入工作記憶。此時，如果有隻友善的猴子剛好晃到附近的樹枝上，多巴胺立刻因這個新鮮的刺激而大量分泌，同時也打開了覺知的大門。

多巴胺驅動系統與另一個神經系統（基底核）交互作用，總是努力平衡尋求刺激（新食物！新伴侶！）的獎賞，以及隨之而來的風險（暴露在掠食者、競爭對手或其他危險之前）。基底核是一種「恆刺激調節器」（stimostat），記錄自感官或內心而來的刺激，只要刺激的分量保持在某種限度之上，便不需要去引發「刺激尋求」，但當刺激降低到限度之下，基底核便向大腦發出訊號：「現在就去取得更多的刺激！」於是我們會在乏味的對話中說些有爭議性的話，或者禪修時妄念紛飛。

神經學多元化

人們對於保存訊息、更新覺知與尋求刺激的傾向各有不同，可參考下頁圖表。舉例來說，性格範圍一般涵蓋喜歡新鮮刺激的極端群，以及喜歡可預知及安靜的極端群兩者，這兩種人時常遇見挑戰，尤其是在現代的環境，我們需要對自己不見得感興趣的事物（諸如在學校或公司）保持專注力。某些人的覺知非常容易更新，工作記憶的大門常大大敞開，因此較難篩選掉不相關或令人分心的刺激。

無論我們的內在傾向是什麼，專注力也受生活經驗和文化所影響，比方近代西方文化強制加給大腦的訊息多於大腦日常所能處理的，有時甚至令人招架不住；而當代的生活潮流也讓大腦習慣超級豐富的刺激流（想想電玩和大型購物中心！），於是，這樣的流動一旦降低，人們馬上覺得非常單調乏味。基本上，現代生活原本就是躁動而散亂的「心猿意馬」，我們偏偏還餵它吃類固醇，而且在這種情況下，其他因素如動機、疲勞、低血糖、疾病、憂慮與挫折感等，也會影響專注力。

圖八　三種專注力面向的不同傾向與結果

專注力面向的傾向	專注力的面向及其結果		
	保存訊息	更新覺知	尋找刺激
高度	迷戀 過度集中注意	多管齊下 分心 感覺超載	活動過度 尋求興奮
中度	能專注 能分散注意力	有彈性 吸收 調節	熱情 適應性
低度	專注力疲勞 幾乎沒有工作記憶	固定觀點 失去知覺 平坦的學習曲線	僵困 冷淡 無感覺

個人特徵

每個人的專注力都有個人的特徵，由生命經驗、文化影響與其他因素所形成。檢查看看，我們專注力的長處和短處是什麼？可以如何改進呢？

我們常墮入的陷阱之一，就是對這個特徵置之不理，甚至以此為恥，硬是想將自己變成另外一種模樣；而另一個陷阱則是從不挑戰自己的性格。但在這兩者之間其實有一條中道，讓我們除了能將工作、家庭情況與心靈修行順應自己的天性外，久而久之還能把專注力控制得更好。

尋找適合自己的方法

以止觀修行為例，許多傳統方法都是在低刺激的時代與文化環境中發展出來的，但現代人習慣更多的刺激，尤其是性格範圍中喜歡新鮮刺激那一端的人，常會因為找不到適合其大腦的方法而放棄禪修。

在天生的影響（和他人對我們的反應無關）方面，神經系統多元化（neurological diversity）比性別、種族與性取向的相異更加重要。想讓更多人接觸禪修，我們需要找出更多方法來順應多元化的大腦，同時現代人更需要個別化的修行方式，在忙碌的事業和家庭生活中，具針對性、得力且管用的方法會讓人更樂意採用。

無論是想在工作上、和伴侶談話或在禪修中更專注，我們都應該採用適合自己天性的方法，並對自己忘失正念心懷慈悲，明白這不是我們的錯。慈悲這種正面情緒可以增加多巴胺的分泌量，有助於心的穩定。

其次，想一想在這三個面向的專注力中，哪一個對我們最困難，是在覺知中保持一些訊息、過濾散亂，還是處理對刺激的渴望？觀察看看，我們是否在努力專注時很快就感到疲倦？是否像多孔過濾器，會因為來自四周的景象與聲音而分心？或者是不是那種需要豐富刺激的人？還是以上皆有？

以下是獲得專注力的一般方法，下一章將介紹如何以卓越的觀照訓練（也就是禪修）來增進專注能力的個人特徵。

設定意向

我們可以使用前額葉皮質的力量來設定意向，使自己更具有正念：

- 對於需要集中注意力的活動，一開始便刻意建立起意向，例如運用語言敘述（願我心穩定等），或是喚起一種寧靜無聲的決心。
- 想出一位就我們所知專注力非常厲害的人，冥想我們與他同在，藉此獲得一種特殊的身體覺受，並利用大腦的同理心系統，刺激內心產生如同對方一般的專注力。

• 不斷重新建立意向，例如在會議進行時，提醒自己每隔幾分鐘便重新專注一次。我有位朋友會使用一個可以每隔多久就震動一次的小玩意，他把它放在口袋，設定每十分鐘就能得到一次提醒。

• 建立日常正念的習慣，讓想要專注的意向成為生活的基調。

支援日常正念的方法

● 慢下來。

● 少說話。

● 盡量一次只專注做一件事，減少「同一時間做多重任務」的工作。

● 進行日常的活動時，把專注力放在呼吸上。

● 與他人共處時提醒自己放鬆，直到出現平靜的感覺。

● 利用例行事件（例如電話鈴響、上洗手間或喝水）作為「引磬」[26]，使心有所本。

● 用餐時，花一點時間思索食物從何而來，像是專注於一塊麵包上的麥子時，想像它在田地裡生長，然後經由收割、打穀脫粒、儲存、磨成麵粉、烤成麵包、運至市場，最後被送到我們面前的盤子上。我們可以在短短幾秒鐘內就想到這麼多，甚至還可以加入將麥子製成麵包的人、中間使用過的設備與科技，還有我們的老祖宗如何逐漸想出辦法將野生穀類轉為農作物等。

● 簡化生活，為了更遠大的快樂放棄眼前較微小的快樂。

保持清醒與警覺

只有當大腦醒著時，我們才能專注，但不幸的是一般人普遍睡眠不足，平均比身體所需要的少睡一小時，所以要努力睡得夠（「足夠」與否，得視我們的天性及諸如疲勞、疾病、甲狀腺問題或憂鬱等因素決定），換句話說就是好好照顧自己。在疲倦時掙扎地試圖專注，無疑就像策趕疲憊至極的馬匹爬上坡。

現在，假設我們已充分休息，以下幾個因素可以幫助增進警覺：

26 編註：引磬又名小手磬，使用小鐵枹敲擊以發出聲音，在佛教傳統中常用來指揮大眾行動。引磬的聲音略顯高昂尖銳，有提振心神、策勵精進之效。

(1)挺直坐正有助於對「網狀結構」(reticular formation，腦幹中一種神經的網狀網絡，與清醒及意識有關)提供內在的回饋，告訴它我們需要保持警戒和警覺，這就是學校老師要求：「同學們，坐正!」，以及典型禪修指導我們要莊嚴地坐直的神經學理由。

(2)「作光明想」是一句佛教用語，用以描述如何將能量與清明引入覺知。事實上，想要克服打瞌睡的毛病，有時觀想「光」真的很有用，從神經學的角度來看，這道「光明」是正腎上腺湧入整個大腦所致，這種神經傳導物質也由壓力反應連鎖作用引發，是一個培養警覺的普遍訊號。

(3)氧氣之於神經系統，有如汽油之於汽車;雖然大腦僅占身體重量的百分之二，卻使用了百分之二十的氧氣。做幾個深呼吸不僅有助於增加血液中的氧氣濃度，也能促進大腦的活動。

讓心安靜

內心安靜時，浮現的事物比較少，也比較不容易分心，如此才能保持正念。第五章曾探索「冷卻火焰」的方法，藉由放鬆身體、平靜情緒讓心安靜下來，而此處的方法則集中於將語言性念頭（頭腦內那喋喋不休的聲音）的叫囂安靜下來。

明白身體是一個整體

大腦中某些部分以「交互抑制」（reciprocal inhibition）相連結，亦即當某部分活化時，就會壓抑另一個部分。大腦左右半球多少有這種關係，因此，當我們從事右半球專擅的活動來刺激它時，左半球的語言中樞會立刻安靜下來。

大腦右邊的視覺—空間半球比較能顯示全身的狀態，所以覺知身體有助於抑制大腦左半球語言機能的喋喋不休，當我們感覺到身體是一個**整體**，大腦右半球會更加活化，因為右半球具有全面、完形式的處理機制。

若要練習覺知整個身體，可以從一個完整的呼吸開始。不要讓專注力像平常那樣從一個覺受到另一個覺受般到處移動，試著體驗呼吸是在腹部、胸部、喉嚨、鼻子的單一、統一的完形覺受。這個統一的完形覺受在一、兩秒鐘之內瓦解是很正常的，不過不要緊，重新再來一遍就好。接著擴大覺知，將身體視為整體，把整個身體包括進來，將身體感覺成一個單一的認知，如同一個整體。當然，這種身體為一個整體的覺知也會迅速瓦解，尤其是在剛開始練習時；一旦瓦解，再重新恢復即可，前後不過幾秒鐘光景。練習幾次後我們會變得更熟練，甚至能在日常活動中進行，例如在會議中。

除了能將心安靜下來之外，一旦覺知到身體是一個整體，心就能夠安住於一境，在其中，所有經驗層次都成為一個整體，專注力也非常穩定，而這正是「五禪支」之一。

命令語言中樞閉上嘴巴

向語言中樞送出一個溫和的指示，類似：「噓！好了，現在是放鬆和安靜的時候，現在沒有什麼重要的需要談論，結束後有的是時間好好說個夠。」如此一來，我們便利用前額葉意向命令語言活動安靜下來。

當頭腦內的聲音又開始喃喃耳語（這一定會發生）時，再次重複這項指示，例如說：「現在不是說話的時候，你不停的叫嚷帶給我很大的負擔，你可以在會議／報稅／把高爾夫球推入洞口後再說。」再不然，也可以用其他語言活動占據大腦語言中心，像是在心中重複喜歡的話語、誦念真言或祈禱。如果可以的話，跟自己約好：「讓我先專注我正在做的事，之後我再跟你約個時間，到時隨便你大呼小叫。」當然，要確定自己會遵守諾言。放任心中語言的洪流流竄雖然會感覺有點怪誕，但絕對有趣，我們會看到它們大部分都很無厘頭，而且沒什麼意義。

安住於覺知

正念越穩定，我們越能安住於覺知的本身，覺知含有**法塵**（mind-objects）[27]，法塵即一般所說的心之內容物，包括認知、念頭、欲求、記憶、情緒等，雖然心識作用會忙碌地彼此共舞，覺知本身卻不受擾動，它是記錄一切法塵的螢幕，一如禪宗說的「如野鴉飛過池塘上方的倒影」，覺知不會被穿越過的景象玷污或慌了手腳。

在大腦裡，覺知表現出來的神經模式有許多變化，但是表現能力本身——覺知的主觀經驗的基礎——通常十分穩定，因此，安住於覺知時會產生清明與平靜的感受。雖然這是禪修最深的境界，但我們也能在日常生活中練習而較能安住於覺知，方法請參考以下的導引式觀照。

27 譯註：即意根（心）所觸知的目標。佛法中說眼根、耳根、鼻根、舌根、身根、意根這六種感官（六根）所觸知的外界對象（六塵）分別為色塵、聲塵、香塵、味塵、觸塵、法塵。

安住於覺知中

● 放鬆，睜開眼或閉上眼皆可，就在此處安頓身心，在平靜的呼吸中安頓下來。觀察呼吸的覺受來來去去，建立覺知的清明感受，與所觀的對象保持「不認同」的距離。

● 觀察法塵的流動，但不要被它們拉走，也不要追逐心中的胡蘿蔔或跟棍子爭鬥。我們可以看著念頭，但不要變成念頭，不要以為覺知的內容就是自己，就像看一場電影，但不要走進螢幕。

● 讓感受來來去去，別想去影響它們。法塵有我們喜歡的，也有我們不喜歡的，全然接受，視它們僅是法塵而已。看見一切心識都有同樣的本質，它們來了，又去了。

● 在當下安頓身心，放掉過去，放下未來，接受每一個時刻，卻不將此一時刻和下一時刻連在一起。安住當下所是，不回憶也不計畫，不強制也不尋求，無必擁有之物，無必成就之事，無必成為之人。

● 注意法塵之間的空隙，這會比較容易分辨覺知與它的內容物有何不同。舉例而言，刻意去觀照一個特定的念頭，然後觀察在這個念頭之前和之後立即出現的，看見其中有一個安靜的準備區、一種尚未使用過的能力、一個肥沃的空地。

●留意覺知如虛空一般的特質：沒有界限，寂靜、安靜、空虛，直到有東西出現，它非常廣大且能包容一切，它永遠臨在，永遠可靠。法塵如流星穿越覺知，覺知卻不會為法塵所改變，不要把覺知這個「概念」（不過就是另一個法塵）與覺知本身混為一談，只要提醒自己不斷回到僅僅存在、僅僅臨在，並對無限的境界敞開心門，而沒有任何的界限。

●溫柔地探索覺知中的其他特質，保持直接體驗，不要將覺知概念化，覺知中是否有一種「清明」？覺知中是否有一種微妙的慈悲？法塵是否不過是覺知的變形？

重點提要

✻穿流過專注力的任何經驗都能形塑我們的大腦，因此，控制專注力最能形塑大腦，同時也最能形塑心。我們可以一如訓練或強化其他的心之能力般，訓練並強化專注力，而「正念」正是控制得宜的專注力。

✻專注力有三個面向：保存訊息、以新的訊息來更新覺知、尋找刺激。

✻訊息存在工作記憶中，有一扇由多巴胺掌管的大門，穩定的刺激會關閉大門，直到刺激減少或增加時才會打開大門，讓新的訊息湧入工作記憶，然後再關上。

❋ 基底核會尋求一定份量的刺激，只要我們接收的訊息超過這個份量，一切便安然無事，若份量少如涓涓細流，基底核便發出訊號給腦中其他部分，命令它們去找尋更多的刺激。

❋ 三種專注力面向的長處和短處都有一般範圍，這是看待神經學多元化的一個角度。每個人都有自己的特徵，我們若能調整工作、家庭生活和心靈修行來順應自己的特徵，並能逐漸增進專注力，是一項既慈悲又明智的選擇。

❋ 增進專注力的方法包括設定意向、保持清醒與警覺、讓心安靜，以及安住於覺知。

第十二章
喜悅的專注

穿透性的智慧和寂靜的安住，終能拔除內心煩惱。
——寂天菩薩

正念帶來洞察力與智慧，而增進正念最好的方法就是禪修。從來沒有禪修過也沒關係，世界各地的企業、學校和醫院都開始藉由禪修來促進生產力、增加專注、加速療癒並減少壓力。本章將介紹如何運用禪修來訓練專注，當然，我們也可以將這些方法應用在非禪修的情境中。

禪修的力量

從禪修中獲得的專注力，會將注意力的亮度由手電筒變成雷射光束。專注是智慧的天生盟友，傳統佛教如此比喻：「我們身在無明的森林中，需要一把開山刀來清除通向解脫智慧道路上的障礙，智慧會使刀刃更鋒利，專注則給它力量。」甚深禪定是每一個宗教傳統都重視的，例如佛教的八正道中包含「正定」，也就是正確的禪定。

禪修的挑戰

禪修是專注力的耐壓試驗，可加強專注力，因為它與我們因求生存而形成的傾向正好相反。

以修習**專注力**為例，這即是對某個目標保持高度專注（像是專注於呼吸上）。有些動物會在同一個目標上鎖定注意力好幾分鐘，其他一切皆屏除在外，把刺激的需要擱在一邊，但也因此沒注意到附近潛藏的危險或陰影，以至於牠們的基因無法傳遞下來；相反地，雖然我們常用「心猿意馬」來形容輕浮躁動和缺乏專注，但這正是幫助我們祖先存活下來的因素。

再以覺性的修行為例，這是修習無揀擇的覺知，無論什麼來到心中都不涉入其中，然而這也與我們進化出的天性相反。覺受、情緒、欲求與其他法塵**本來就會**吸引我們去注意以便回應，若任由它們滑行過去卻不跳上賊船，並不是我們自然的本性。

一旦能欣賞這些挑戰，禪修時將會讓我們有多一點的幽默感與自我慈悲。

五禪支

幾千年來，人們不斷思考如何加強專注力，其中佛教提出能令心穩定下來的「五禪支」：

- 尋：將注意力放在一個目標上，例如呼吸。
- 伺：對專注的目標保持注意力，例如從頭到尾覺察到整個呼吸的過程。
- 喜：對目標有強烈的興趣，例如有時感覺到一種湧動的喜悅覺受。
- 樂：讓心歡喜，包括快樂、知足、輕安。
- 一心：覺知的統一，感受到每件事物都是一個整體；幾乎沒有念頭；平等心；活在當下的強烈感受。

根據前一章介紹的幾種支援正念的因素，接下來我們將探討如何發展五禪支的神經基質，許多人在練習之後，很自然地培養出更深的專注力，這表示無論我們是禪修新手，還是禪修早已成為我們生命中重要的一部分，我們都能從大腦上下功夫來穩定心，甚至直入甚深禪定。

為了讓說明更加簡單扼要，此處只以專注於呼吸的坐禪為例子，但我們可以將這些建議應用於其他的修行方法上（例如瑜伽、唱誦等），同時也能應用於其他的專注目標（例如真言、慈心等）。當心比較穩定後，我們就能將這份穩定及專注帶入其他類的禪修（例如觀禪、祈禱、對無常的探索等），同時應用於日常活動。

以下三節將探討在「尋」和「伺」上人們會遇到的各種問題，之後再繼續探討「喜」和「樂」，然後是「一心」，最後則以導引式禪修綜合五禪支作為本章的結束。

尋與伺

以下這些建議會深化我們的覺知內容、幫助我們保持目標，並有助於關閉工作記憶的大門（前一章曾經討論過）：

- 想像有一個小小的守衛正看著我們有多專心觀察呼吸，如果我們的專注力變少了，他會幫忙增強。這個小守衛主要位在前扣帶迴皮質，它會比較目標與實際的表現，也是大腦中與「尋」、「伺」最相關的部分。

- 藉著數息或觀察呼吸來管理大腦的語言中樞，例如在心中輕柔地數著每一次的呼吸，從一數到十，然後再重新開始；如果散亂了，就重新由一開始（或者倒著數也可以）。如果想挑戰難度高一點的，可以設定十個呼吸為一組，將目標定在專注於十組卻不散亂；有個小技巧是先把手握成拳頭，每數完一組就伸直一根指頭，這能迅速安頓我們的心，是進入禪修的好方法。
- 或是溫和地觀察我們的體驗，像是每次呼吸時觀察「呼」和「吸」，或是輕柔地觀察其他法塵，例如思慮、記憶、憂心、計畫等。
- 將溫暖、喜愛，甚至是奉獻心帶入呼吸，藉此深化觀呼吸的修行。對事物的感情自然會加強我們對那件事物的注意力，而感情通常能帶動整個大腦，使專注的目標動員更多神經網絡。

過濾散亂

以下是讓我們不受散亂入侵的方法，使我們的心能保有較安靜的空間。

- 在禪修開始後，花幾分鐘打開心門，並探索四周的聲音和其他刺激，對內心世界也做同樣的開放與探索。弔詭的是，邀請散亂**進來**，反而有鼓勵它們**出去**的效果，只要不向它們發射抗拒的第二支箭，它們便得不到那麼多注意，再加上大腦會習慣穩定的刺激，所以沒多久我們便不會再注意它們了。
- 而且，若完全接納某一事物，它會更迅速地穿過心中。就像有人敲門時，如果我們置之不理，他們便敲個不停；若我們打開門讓他們進來，他們通常說完話後就會離去，所以讓某一事物在覺知中充分現起時，能使神經活動的潛在模式完全展現出來，現在，既然訊息已經送出去了，神經結盟不再需要加緊進行，不再需要和其他神經結盟爭奪中央舞台，而且，因為它到達了，並且溝通完畢，現在會更努力地更新工作記憶，工作記憶通常過一會兒就會將心的黑板擦得乾乾淨淨，讓路給新的神經結盟。
- 當我們不再那麼散亂時，就重新專注於目標上；如果又散亂了，就再花幾分鐘接納它們。
- 另外一個方法是，在分心的念頭萌芽初期就趕走它們，將注意力重新回到呼吸上，這等於在神經元尚未形成結盟前就破壞它們的行動。
- 提醒自己，我們可以在禪修結束後再想其他事；告訴自己，我們已和禪修訂下約定，必須遵守承諾。這麼做會運用到前額葉皮質，讓它由上而下地掌控從感受到思緒的心流。

• 觀察穿越心中的一切都是一場短劇，而無常的表演者在舞台上不斷被新上台的表演者趕下舞台。當我們知道一件事物很快就會被另一件取代，為何仍身陷其中，不能自拔？

• 如果所有的努力都失敗了，就將散亂作為這一節禪修的專注目標。有一次我努力專注於呼吸，注意力卻不斷被空調發出的聲音拉走，所以我乾脆放棄呼吸，轉而以那個聲音為專注目標。最後，我逐漸變得非常專注。

處理刺激的渴望

以下這些方法可以增加禪修的刺激，對喜歡新鮮刺激的人尤其有用，然而竅門是只在心需要穩定的時候才用它，可別用來逃避禪修的訓練。

• 大腦會因為要回應新奇的經驗而增強注意力，所以留意每個呼吸的質地，注意細節以吸收新訊息，例如上唇各各不同點的覺受。

• 將注意力集中在身體大片區域的各種覺受上，或是留意呼吸在全身產生什麼樣的覺受，像是臀部和頭部的微動等。

• 將呼吸分成幾個小細節，這樣可以觀察更多，例如分成呼氣、吸氣，以及兩者之間微小的停頓三部分，或將吸氣及吐氣做更細的劃分（同樣的方法也能應用於行禪[28]與其他修行上）。

• 行禪比安靜的坐禪提供更多刺激，也可以將禪修應用於相關的練習中，例如瑜伽與太極拳。

• 打開心房，接納充足與知足的感受，這會增加刺激又能傳達訊息，它告訴我們，此刻的我們已非常完整，無須再尋尋覓覓。

• 中性的感受沒什麼刺激，所以會促使心急於尋找行動，所以出現中性法塵時，去觀察心在做什麼，溫柔地將它標記為「中性」以增加刺激。

喜和樂

現在，讓我們繼續探索以下這兩個禪支：喜和樂。這種正向的感受會穩定地輸送大量多巴胺到工作記憶的神經基質，進而有助於專注，在前一章我們已看到，當多巴胺的分泌減少或增加時，工作記憶的大門（同時也是掌管覺知場域的大門）都會打開，如此一來，穩定的大量多巴胺——例如從正向感受而來的——便不會降下來。再者，由於釋放多巴胺的神經元已近高峰激發速率，因此感受越愉悅、越強烈，多巴胺便釋放的越多，而注意力也會越集中。

換句話說，無論我們是進入甚深禪定，還是只是在下午的會議中努力想睜開雙眼，擁有快樂的感覺都會很有用。以我個人而言，我發現在禪修中增強正向情緒是個很美妙的練習，我感覺很棒、專注力加強，同時一整天都有著強烈的幸福感。

以下是一些加強喜和樂的方法，我們可以先在禪修中試試看，然後再推及於日常情況中。

- 當喜和樂自行生起的時候，注意它們，對它們打開心門，邀請它們進來。
- 祝福自己：「願喜（喜悅）生起，願樂（快樂、知足、輕安）生起。」然後放鬆地讓喜和樂生起。
- 將喜、樂與呼吸的覺受結合，讓喜來呼吸我們，讓呼吸輕安。
- 將喜和樂當成新的專注目標，在這種狀態中更加專注。

28 編註：以行走作為禪修的方法。

- 樂包括快樂、知足與輕安，逐一探索它們，其中「輕安」是佛教中「七覺支」[29]之一，它也能增進專注力。認識並培育平靜與安靜的美妙感受是非常值得的，那種感覺就像一個波平如鏡的池塘。
- 以正念觀察喜、樂、知足與輕安的細微之處，對每一種狀態都有清楚的感受，如此便能在未來需要時再度喚出它們。久而久之，我們會很自然地放掉強烈湧動的喜，而被比較微妙、崇高的快樂、知足與輕安的獎賞所吸引。
- 試著溫柔地強化這些心的狀態，同時細微地加快呼吸。心有一個自然的節奏狀態，它會在增強幾秒鐘或幾分鐘之後，又自然地減弱下來，此時我們可以再度加強它。
- 在禪修過程中，我們常能從喜到樂，再到知足，最後再到輕安。當禪修即將結束時，一步步反轉這個旅程，而非很快地從輕安跳到喜。
- 一般來說，找出一個最佳點，讓我們的內心剛好活躍到可以激勵各種不同的狀態，而無須過度指揮我們的心，或是執著於任何特定的結果。

一心

一心指覺知的統一，植基於專注目標的甚深禪定，將念頭減到最低，讓心非常穩定，此時我們會感覺非常愉悅，平等心與時俱增。

沒有寂止，便沒有安靜；沒有安靜，便沒有智慧；沒有智慧，便沒有清明。

——天津・普里亞達希（Tenzin Priyadarshi）

這種狀態可能與資深禪修者身上所見的高頻率伽瑪波有關，當一個人進入甚深禪定時，似乎會擴散並加強伽瑪波，使心的空廣度日益增加，讓覺知更趨穩定。

一心會自然跟隨其他四個禪支而來，但也有許多方法可以培養。首先，前面已討論過，

29 編註：「覺」意謂菩提智慧，有七種方法能助菩提智慧開展，故稱覺支，七者分別為念覺支、擇法覺支、精進覺支、喜覺支、輕安覺支、定覺支與捨覺支。

對全身的覺知會刺激大腦右半球整體、完形的處理作用，因此有助於統一心，若要體驗整個身體覺知，先要感受呼吸是一個整體，然後擴張這種感受，感覺身體是一個統一的整體。如果感受消失，就再努力重建，直到心更穩定。

其次，是將自己交託給此時此刻，讓它如實存在，不要管過去和未來。此時此刻，我們身在禪修中，屏除憂心、計畫或幻想，努力培養出一個臨在此時此地的連續感受。第三，是盡量鬆脫個人「我」的感受（下一章將更進一步討論），太多的「我」會讓我們分心，將我們隔絕於一心的美麗境界之外。

專注的禪修

無論從哪裡開始，我們都可以更專注，就像肌肉，只要用它，就會更結實。我們的心雖不免散亂，但試著不要自我批評，只要回到下一個呼吸的覺知上。佛法老師約瑟夫・高斯坦（Joseph Goldstein）曾說：「放鬆，但不隨便。」過去發生過什麼事沒多大關係，重點在於**現在**所做的事。我們隨時可以在呼吸中重新尋與伺，隨時接納喜和樂，也隨時能更深入一心。

佛陀提供我們一幅如何進入止觀修行的路線圖：令心穩定、令心安靜、令心單一、令心專注。接下來的內容將以這些作為禪修的指引，並利用本章與前一章提到能增進正念與正定的因素，此外，我們也能將這些指導用於其他禪修和正念活動中。

禪修

- 找出一個舒適的姿勢，既放鬆又警醒，閉上眼或睜開眼注視前方幾公尺都可以。
- 知道聲音來來去去，知道身體覺受，知道思想和感覺，並留意特別讓你分心的事物。以正念觀察這份散亂一段時間，然後看看是否能將專注的焦點移到呼吸上。
- 建立起禪修的意向，你可以利用語言文字，也可以完全不用，例如觀想自己是一位非常專注的人，這個人可能是你認識的人，也可能是歷史人物如佛陀等。
- 真正的放鬆下來。深深地吸氣，然後把氣完全吐出來，感覺身體不再緊繃。觀察呼吸的內在覺受，例如冷空氣進入、暖空氣出來、胸部和腹部的起伏等，但千萬不要控制呼吸，讓它如實存在。在整節禪修中都覺察呼吸，用它當作船錨。
- 盡可能地讓自己感覺安全，感覺自己正置身於受到保護的環境，而且你非常強大，能夠放鬆警覺並轉而專注內心。

- 對自己慈悲，也觀想其他的正向感受，包括柔軟的感受如感謝等。
- 感受禪修的利益滲入你、滋養你、幫助你，溫和地將你的心與腦導向更清明的方向。
- 接下來的五分鐘或久一點的時間裡，試著與每一個呼吸從頭到尾同在。觀想心中有個小小的守衛正注視著你的專注力，當注意力開始遊走，他會馬上讓你知道。將自己交託給呼吸，同時放棄其他的一切，放下過去，放下未來，只和每一個呼吸同在。
- 找出一個呼吸的覺受非常明顯之處，例如胸部或上唇，然後從每次吸氣開始，「尋」吸氣的覺受；再從頭到尾「伺」吸氣的覺受。接著覺察呼吸之間的空隙。之後，「尋」吐氣的覺受，再從頭到尾「伺」吐氣的覺受。
- 如果有用的話，在心中溫柔地數息，從一數到十，如果散亂了便重新開始；或者溫柔地標記「吸氣、吐氣」。當專注力更深時，放下這些字眼，讓它們也消失不見。
- 將自己交託給呼吸，在此次禪修中放棄其他一切。清楚觀照每個呼吸的覺受，在吸氣時知道自己正在吸氣，在吐氣時知道自己正在吐氣。
- 覺察喜和樂的感受，對它們打開心門，並邀請它們進來，願喜生起，願樂生起。將專注力轉向它們一段時間，盡可能加強喜和樂的感受，或者將呼吸加快一些。如果你感受到它們，讓湧動的喜悅充滿全身。

●讓自己感覺非常快樂，非常知足、非常輕安，探索喜、樂、知足與輕安獨特的質地，在這些狀態下非常專注。

●將喜和樂帶入呼吸，進一步加深你的專注，真正令心穩定。

●現在，你的心非常安靜，只將專注力集中於一個目標上，例如上唇的呼吸覺受，而且幾乎沒有語言性的念頭生起，如果有，它也是迅即穿過去。這就是輕安。

●覺知呼吸為一整體，一切呼吸的覺受統一成一整體；接著覺知身體為一整體，感覺全身與呼吸一起微動，但你並不附和或抗拒穿越心中的念頭。如果有事物似乎快要打擾到你的平靜，讓它穿過，在安靜中放鬆。

●此刻，你的心進入一心，你覺知身體為一整體，感受也為一整體，幾乎沒有念頭，也許根本就沒有。界限與障礙的感受消失了，你對一切毫不抗拒，全然放下，感覺到心中的合一感擴散並增強。願一心生起。

●當心進入不太熟悉的完整與深刻的狀態時，任其自然發生，放下一切念頭，更深地安頓在呼吸中，與呼吸合而為一，讓自己對呼吸的專注越來越任運自持而不費力。不需要去追求某事，也不需要去當某人，讓智慧生起，深入洞見感受、心與世界，最後，剩餘的貪愛也消失了，你平靜且解脫。

● 好了，如果你覺得夠了，便慢慢結束禪修，從你所在的境界溫柔地回到輕安，然後是知足，然後是快樂，然後是喜悅的滋味，最後回到一個比較日常的心態。慢慢來，對自己要溫柔。
● 願這份平靜與穩定滲入你的生命，變成你的一部分；願它滋養你和一切周遭的人。

重點提要

* 正念引發智慧，增進正念最好的方法就是禪修。
* 禪修除了有增進生產力、學習、健康的利益外，還可以令心專注。專注會引發深度與解脫的智慧，洞察受苦的因緣，以及快樂和平靜的因緣。
* 佛教中有五禪支可以令心穩定下來，分別是尋、伺、喜、樂與一心，我們探索了各種強化它們神經基質的方法。
* 根據增進專注力的三個面向：保持目標、濾掉散亂、處理刺激的渴望，我們討論了在「尋」和「伺」上會遭遇到的困難。
* 「喜」和「樂」會輸送穩定且大量的多巴胺，將工作記憶大門關閉，讓我們可以更加專注。
* 一心可能由大腦中大片區域快速的伽瑪波同步所造成，我們可以經由其他四禪支，加上整個身體覺

知、不抗拒當下、鬆掉自我的感覺來促發這種狀態。

第十三章
鬆脫自我

修道，即修我。修我，即忘我。忘我，即萬法皆可令人悟道。

——道元禪師

在這一章，我們將探討受苦的最大根源，也就是我們最需要戒慎恐懼的「假我」[30]。要對治這個根源，祕訣在於檢視自己的體驗。當我們認為事情是針對我們而來，或者渴望別人贊同我們時，結果會怎樣？答案是，我們會受苦！當我們認同事物是「我」或努力擁有事物，認為事物是「我的」，這就害自己受苦了，因為一切事物都脆弱無常，最後不免消逝；而且，當我們和其他人分離、和這個世界分離，變成一個「我」時，便會感覺疏隔與脆弱，這也會讓我們受苦。

從另一方面來說，當我們放鬆了「我」核心中微細的緊縮——也就是當我們完全沉浸在生命之流中，而不是遠遠地站在一旁，當自我與自我主義淡入背景之中——就會感覺更平靜、更充實。我們也許曾在星夜天空下、在海邊，或在孩子誕生時有過這種體驗，弔詭的是，我們的「我」越少，就越快樂，就像佛教比丘和死刑犯都說過的：「沒有自我，就沒有問題。」

在生命某個階段中，每個人都會問出同樣的問題：「我是誰？」沒有人真正知道答案，自我是一個棘手的主題，尤其它明明是個主體卻以為自己是個受體！所以，我們可以透過從事一些經驗性的活動，將飄浮在空中的問題拉到地面，藉由先體驗帶著身體去走路的感覺，再來探究大腦裡的自我的本質，最後再探索放鬆與釋放自我的方法，讓自己感到更自信、更平靜，並與一切事物合一[31]。

30 編註：參考《佛光大辭典》：「以佛教之立場而言，所謂『我』者，實際上並無『我』之存在，僅由五蘊和合所成之身，假名為我而已，故稱假我。」亦即我們的身體不停地在新陳代謝，念頭不停地生生滅滅，由於色身、念頭不斷地在變化著，既沒有恆常不變的自我，也沒有能力成為自己的主宰，但卻常誤以為自己有這樣的能力，這個自以為是主人的我，就是「假我」。

31 有關這方面更深的內容，已超越本章的範圍，請參閱阿姜查的《生活的佛法》（*Living Dhamma*）；亞倫・華滋（Alan Watts）的《書》（*The Book: On the Taboo Against Knowing Who You Are*）、《與物相應：與拉瑪那・馬哈希談話》（*I Am That: Talks with Sri Ramana Maharshi*）或《回到你心中》（*The Spiritual Teaching of Ramana Maharshi*）。

帶著身體去走路

進行這個練習時，「我」的感覺越少越好。如果感覺不自在，便專注於基本的身體覺受，例如腳或手的感受。

- 放鬆，覺察身體在呼吸。
- 決定盡量放下自我，看看有什麼樣的感覺。
- 覺察呼吸，你就是呼吸；沒有什麼別的事要做，也不需要自我做什麼事。
- 盡可能地讓自己感覺安全，放下任何危險或憎惡的感受，不需要動員自我來保護自己。
- 隨著每一個呼吸的起落而感到平靜，不需要自我來緊抓快樂。
- 繼續放下，每一次吐氣時都放下自我，每一次吸氣時都放下自我。
- 放掉對呼吸的控制，讓身體自行處理呼吸，就像睡覺時那樣。
- 呼吸繼續進行著，知道它正進行著。一種廣袤的覺性升起，其中卻很少自我，你感覺到平靜且愉悅，不需要自我。覺知世界仍繼續運轉，沒有自我也好得很。
- 慢慢向四周移動視線，接收景象時並不需要自我。
- 做幾個小動作，但不要由自我來指揮，像是手指動一下、身體在椅子上挪一下。你可以透過意向做出這些動作，但是不需要用「我」來引導。

- 慢慢地站起來，不讓自我來指揮站立。覺察你站立時，需要自我嗎？
- 站立後，稍微動一下，這會帶來知覺與運動感，卻可以不需要有主人或指揮者。
- 然後四處走走，探索一下，慢、快皆宜，注意並不需要自我來做。知覺和運動自行產生，卻不需要有人等同這些經驗。花幾分鐘好好探索。
- 過一會兒，再次坐下，在呼吸中安住，僅僅臨在並覺知著。有關自我的念頭或者從「我」的觀點出發的念頭，不過是覺知的內容而已，就像其他內容一樣，一點也不特別。
- 放鬆並呼吸，身體覺受和心理感受只是覺知的內容物，它們生起又消散，自我也在覺知中生起又消散，一點問題也沒有。只有自我自由地來來去去，一點問題也沒有。
- 放鬆並呼吸，看看自我不在時，是什麼臨在？
- 放鬆並呼吸，感覺一點問題也沒有。

觀照

來到這個階段，要再回到語言性思想的領域可能有點難。請你一邊讀著這一段，一邊試著去感覺自己能理解字裡行間的意義，卻沒有一個自我在理解。注意，即使沒有自我來發號施令，心仍然可以執行功能。

讓我們回顧一下方才的練習：

- 自我、「我」、「我的」體驗是什麼？自我像什麼？是愉悅還是不愉悅的感受？自我增強時是否帶來一種緊縮的感受？
- 有沒有可能從事種種心理與身體活動的同時，卻沒有自我？
- 自我是一直不變，還是以不同的面向在不同的時間跑到前景來？自我的強度是否也會改變，「我」的感受是否有時強大，有時細微？
- 是什麼讓自我改變？恐懼、憤怒，還有與其他受到威脅的念頭會造成什麼影響？欲求及其他尋求機會的念頭又會帶來什麼樣的影響？其他人——無論是實際遇見，或僅憑想像——有什麼影響？自我是獨立存在，還是會隨因緣條件而改變？

大腦中的自我

前面對自我的體驗練習讓我們明白，自我有許多面向，它只是我們的一部分，它不斷改變，並根據因緣條件而有所不同，全視大腦中自我的生理基質而定。念頭、感受、影像等都是訊息的模式，透過神經結構與神經活動的模式而呈現。同樣地，假我的各各不同層面，以及認為有我存在產生的親身且強烈的經驗，同樣也以心和腦的模式存在。問題倒不在於這些模式存在與否，關鍵在於它們的**本質**是什麼？這些模式看似代表的——「我」這個統一、持續的主人和行動代理人——真的存在嗎？還是說，自我就像獨角獸這種神祕的動物一樣，被傳得繪聲繪影、如見其形，但其實只是出於想像？

自我有許多面向

自我的許多面向隨著分布於整個大腦與神經系統的結構和過程而樹立，並且嵌於身體和世界的互動中。研究者對自我的面向及其神經基礎有不同的分類，例如反省自我（reflective self，「我在解決問題」）似乎主要在前扣帶迴皮質、上—外前額葉皮質及海馬迴的神經連結中生起；情緒自我（emotional self，「我在苦惱」）從杏仁核、下視丘、紋狀體（striatum，基底核的一部分）與上腦幹生起；大腦中不同的部分能辨認團體照片中我們自己的面孔、知道個性、感覺到個人的責任，以及從我們的觀點來看情況，而不是從他人的觀點。

自傳自我（autobiographical self）結合反省自我和一部分的情緒自我，它讓「自我」的意識擁有專屬於自己的過去與未來；核心自我（core self）是一種潛藏且泰半是非語言性的「我」感，卻沒有過去和未來的感覺。前額葉皮質提供自傳自我大部分的神經基質，一旦損傷，核心自我會保留下來，但不會有從過去流向未來的連續感；反過來說，若核心自我所依賴的皮質下層與腦幹結構損傷了，核心及自傳自我都會消失，這意味著核心自我是自傳自我的神經與心理基礎。心非常安靜時，自傳自我感覺像是不存在，這可能與神經基質鈍化有關，例如前一章介紹的專注練習與讓心安靜下來的禪修，都會改進「有意識地控制鈍化」的過程。

當我們刻意去想和自己有關的事，像是「今天晚上我想吃中式料理還是義大利麵」、「我怎麼那麼優柔寡斷」，或是在覺知中自然地聯想到自己，便會生起「受者我」（self-as-object）。「我」（me）的表徵是一個故事之內的內容物，故事串起自我一張張的瞬間定照，久而久之成為一種看似連續的自我電影；自我引用的故事仰賴位於中線的皮質結構、顳葉和頂葉的聯合，以及顳葉後端的部分，而這些大腦區域也執行各種其他功能（例如考慮其他人，做出評斷等），所以不能說它們一定和自我有關。自我的表徵與其他心理內容一起掠過這些區域，有如樹枝及樹葉在河流裡推擠，這在神經學上並沒有任何明顯的意義。

更根本的是，「作者我」（self-as-subject）是造作各種經驗的作者的基本感受，「覺知」有一種與生俱來的主觀性，也就是特定觀點的局部化（例如我的身體，不是你的），這個局部化是由身體在世界中的運作而來。舉個例子，當我們轉頭掃描房間，所看到的全因我們的動作而來，大腦掃過不計其數的經驗來找出共同的特徵：原來它們都是一個特定的身體所感受到的經驗。其實，「主觀性」是從**這個**身體和**那個**世界本來的分別而生起，就最廣義來說，「主觀性」不僅由大腦中產生，也由身體與世界持續的相互作用中而生。

接著，大腦掃過主觀性中的各各時刻以產生假有的作者——在整個發展的過程中，從嬰兒到成人——並經由大腦的逐漸成熟來引申、分層，尤其是前額葉皮質這個部分，但在主觀性中，**本來**就沒有一個作者。在深度禪定修行裡，人們發現一種沒有作者的純粹覺性，也就是「覺知」需要「主觀性」（subjectivity），但不需要一個作者（subject）。

總而言之，從神經學的觀點來看，每天我們感覺到的統一自我全是幻覺：看似和諧而穩固的「我」，其實是從許多次要系統與次次要系統逐漸建立起來的，沒有固定不變的中心，而且造作經驗的作者的感覺，是由無數完全不同的主觀性時刻交織而成。

自我只是一個人的一部分

一個人包括整體的身與心，它是一個依賴文化與自然界產生的自主且動態的系統。你是一個人，我也是一個人，只要是人，就有過去、價值、計畫，在道德上也不免有所缺失，同時只能自作其因、自受其果。只要身體活著，而且大腦大致上沒受到什麼傷害，這個人就會繼續活著，但我們看到心理上的自我在神經學上並沒有什麼意義，它不過是持續不斷的心理活動之流的一部分，而短暫活躍的自我的任一面向，僅是大腦許多網絡中很小的一部分而已，甚至存在於外顯與內隱記憶的某些自我面向，也只占據大腦世界訊息儲存庫的其中一部分，換句話說，自我不過是整個人的一部分。

再者，大部分的時候，即使沒有一個「我」來指揮，人也能運作，例如多數的念頭並不是刻意創造出來的。我們往往不需要「我」來命令心理與身體去活動，事實上，自我越少，越能增進工作表現及情緒作用；甚至有時看似自我做了一個有意識的決定，其實那個決定是無意識造成的結果。

特別是，「覺知」並不需要自我來運作，自我的各各面向在覺知之內生起滅去，但覺知仍是意識的場域，與自我的滄海桑田是兩碼事。若要體會到這一點，可以注意當我們聽到或看到新事物的頭一、兩秒鐘：首先，只是最純粹的認知在覺知中逐漸具體，並沒有感覺到生命存在或有一個能認知的「我」，接著我們會觀察到有一個自我的感受連上了這個認知，它越來越強，尤其是這件事情對我們很重要的話。如此一來，真相大白：即使沒有作者，覺知也能做好它的工作。

正如前面討論過的，我們經常假設意識有一個作者，因為意識必有主觀性，所以大腦掃過主觀性的各各時刻以找出一個假我，但是主觀性不過是構成經驗的方法，並非實體，只是一個幽靈從我們的眼中看出去。事實上，只要觀察我們的體驗就會發現，自我——這個假有的作者——經常在事後才出現。在許多方面，自我就像有個人跟在已順利展開的遊行後頭奔跑，並不斷喊著：「瞧我一手打造的！」

自我不斷變動

一如自我的各個部分一一出現，然後讓位給另外一部分，造成這種現象的短暫神經聚集也是如此，如果這些聚集的能量流動好比燈光的變化，那麼連台好戲就在大腦的舞台上終年上演。在大腦中，**每一個自我的呈現都是無常的**，自我不斷在建構、解構，然後再建構。

自我看似一貫且連續，因為大腦透過以下方式形成有意識的經驗：想像一千張照片彼此重疊，每一張都會花幾秒鐘逐漸顯像清晰，然後又逐漸消失。經驗的混合建構創造了一種整合且連續的錯覺，很像每秒鐘二十二張的靜態畫面能創造出肖似電影的動態動作，因此我們感受到的「現在」並不像一片銀箔般的時間，其中每一個經驗的瞬間定照突然出現且突然消失，反倒像是隔著一到三秒鐘左右的間隔，在結束時先變模糊，然後消失。

我們有一個自我還不打緊，最可怕的是我們不斷「造我」（self-ing），一如巴克明斯特•富勒（Buckminster Fuller）的名言：「『我』好像是一個動詞！」

自我依賴因緣條件

自我的呈現仰賴許多因素，包括基因遺傳、個人的過去、性格與當時情況，尤其是許多體驗的「受」。當感受是中性時，自我會淡入背景，但當特別愉悅或不愉悅的感受出現（例如一封有趣的電子郵件或身體感到疼痛）時，自我會迅速地沿著由「受」到「愛」，再由「愛」到「取」的連鎖作用動員起來[32]。

自我因為強烈的渴望而建立，但哪一個先開始呢？是「我」形成了渴望，還是渴望形成了「我」？除此之外，自我也有賴於社交內容。當我們四處隨意走走時，常沒什麼自我的感受，但剛好撞見一位舊識時，幾秒鐘內許多自我的部分都連上了線，像是連上了共同經驗的回憶，或是想著「不知道自己今天看起來好不好看」。

自我從來不會自己出面。首先，幾百萬年以來，迂迴曲折的演化形塑出自我，時至今日，自我靠神經活動而生起，神經活動又靠身體其他系統生起，接著這些身體系統又靠著星羅棋布的助緣——從雜貨店到宇宙中眾多隨意卻百試不爽的物理常數——來產生星球和水之類的生命。自我離不開使它生起、存在其中、生成如是的網絡，**自我並無本有的、不靠因緣條件的、絕對的存在**。

自我像獨角獸

與自我相關的表徵不僅在心中很多，在腦中也很多，這些訊息模式與神經活動模式當然是真真實實的，但它們外顯與內隱所指向的「我」——一個統一、持續、獨立的「我」，是經驗的根本主人和行動的代理人——並不存在。在大腦中，與自我相關的活動或分或合，並不統一，它們各式各樣、稍縱即逝且不持續，它們倚賴變動的因緣條件，包括身體和與世

32 譯註：佛法中說十二因緣是苦的成因，這是指其中的觸（感官與外境接觸）、受（苦受、樂受、不苦不樂受）、愛（貪愛或憎惡）、取（執著而緊抓不放）。

界的互動。我們有「自我」的感覺，並不代表著我們就是自我，大腦串起造我的異質性時刻和主觀性，成為一個同質性且渾然一體的錯覺與連續體，自我真可說是一個虛幻的角色！

然而有時候把自我當真會很管用（下面將會討論到），我們不妨在需要時大膽扮演自我的角色，但要記住，我們與世界動態交錯，比任何自我都生氣蓬勃、有趣味、有能力，而且更了不起。

假我自有用處

假我對某些事也很管用，它將這個人和那個人區別開來，也為生命經驗的萬花筒帶來一種連續感，因這些經驗都發生在一個特定的「我」的身上而彼此產生連繫；此外，它還在人際關係上加上熱情和承諾，想想，說「我愛你」是不是比「愛生起了」更有力道？

自我的感覺，在我們出生時就已出現了，兒童通常在五歲時就發展出相當堅實的自我結構，如果沒有發展，他們的人際關係會遭遇極大的障礙。與自我有關的過程連上大腦是很合理的，因為在狩獵與採集族群越來越重視社交與人際互動，這些過程幫助我們的祖先成功存活下來。因此，若能讀出他人的自我，並技巧地表達我們自己的自我，對形成盟友、尋找伴侶、維護兒童生存以及傳遞基因等，都非常有利。

人際關係的進化助長了自我的進化，反之亦然，擁有一個自我的好處於是成為大腦進化的因素。自我逐漸在千百代累積的生殖優勢中滲入人類的基因。我們不需防衛或合理化自我，但也不該降低或壓抑自我，只要別將自我弄得太特別就好，它僅是一個生起的心理模式，並不會與任何法塵有所不同，或比任何法塵好。當我們利用以下方法時，並不是抗拒自我或者視自我為一個問題，我們只是洞見它，鼓勵它放鬆，一如晨霧在太陽下消散，然後，會剩下什麼呢？敞開心靈的開闊、智慧、美德，以及柔軟甜蜜的喜悅。

放掉認同

有一種自我膨大的方式是，將自我等同事物，也就是認同事物。但不幸的是，當我們認同某事時，便將它的命運轉成我們自己的，然而這個世界上的一切事物終究會消逝，所以要注意我們如何認同某種身分地位、某些事物以及某個人。在佛教的傳統修行中常會探索這樣的問題：「我是這隻手嗎？我是這個信仰嗎？我是『我』的感受嗎？我是這個覺知嗎？」問出這些後也許會浮現明確的答案，例如：「不是，我不是這隻手。」

我們要特別注意自己如何認為執行功能（例如監督、計畫或選擇）就是自我，所以不妨在開車上班時，注意大腦多常一樣做好計畫、做好選擇，其中卻沒有太多的「我」；此外也要注意自己如何認為覺知即是自我？讓覺知生起，卻不需要認同它或指揮它；「我」、「我的」和自我的其他形式不過是更多的法塵，和其他念頭沒兩樣，所以時時提醒自己：「我不是念頭，我不是『我』的念頭。」記得，不要認同自我！甚至在不需要時不使用自我的字眼（我、我自己、我的），例如試著在上班的一小時內絕口不提這三個詞彙。

讓經驗流過覺知，卻不認同它就是我，口語一點來說，就是「看到的就是發生的」、「這是覺受」、「念頭生起」、「自我的感覺生起」，並盡量在動作、計畫、感覺和說話中減低自我。

將這種正念延伸至我們心中模擬器所放映的迷你電影裡，注意一個假定的自我多麼深地鑲嵌在大部分的電影中，即使自我往往並不是很起眼的角色。在模擬作用中，神經元激發並串聯，於是這種鑲嵌進一步增強了自我，所以我們應培養一般性的無我心態，進入那些迷你電影中，也就是說，事件應從特定的身—心觀點來認知，而不是用一個「我」來進行這個認知。

慷慨

「擁有」也會膨大自我。自我像糾結的拳頭，當我們打開手掌給予，拳頭就消失了，自我也就消散了。我們可以在這一世的生命中給出很多，讓自己有許多鬆脫自我的機會，例如給出時間、協助、捐款、自制、耐心、無諍與寬恕。任何服務的道路都包含慷慨，如養家、照顧他人以及許多種工作類型。

「羨慕」和它的近親「嫉妒」是慷慨的兩大障礙，我們可以注意羨慕中隱藏著的痛苦，它如何使**我們**苦惱。羨慕其實活化了與身體痛苦同樣的神經網絡，我們應慈悲地提醒自己，即使他人有名聲、金錢或好伴侶，而我們沒有，這也一點問題都沒有。將自己從羨慕的倒鉤中鬆脫出來，送悲心與慈心給我們羨慕的人。有次閉關時，我羨慕地想起某些人，後來我發現，對他們如此祝願反而帶來許多始料未及的平靜：「希望你擁有我所沒有的成功。」

同時，我們也要觀察認知、念頭、情緒和其他法塵，並且問：「這些的背後有主人嗎？」然後觀察事情的實相是**沒有主人**。所以，想去擁有心也是白費工夫，沒有人能擁有它。

健康的謙卑

也許最重要的是，自我重要感（self-importance）會膨脹自我，而對治的良藥就是健康的謙卑。謙卑意味自然、平易，但**不是**做一塊羞愧或自卑的踏腳墊，它只是說我們不把自己放在別人之上。謙卑能讓我們感到平靜，既不需要努力讓別人另眼相看，別人也不會覺得我們矯揉造作或指指點點，而跟我們作對。

對自己好

奇妙的是，好好照顧自己會讓我們謙卑。當我們感覺危險或不受支持時，大腦裡的自我網路會活化，想減少這樣活化就得照顧好自己的基本需要，例如我們都需要感覺受到珍愛。來自他人的同理心、讚美和愛——尤其是在童年時接收到的——會在神經網絡中內化，支持我們產生自信和有價值的感覺；倘若我們已經很久不曾收到充裕的供應，就會在心中形成一個窟窿。

自我在窟窿的周邊十分忙碌，它努力地想透過自大或「執取」來暫時「矯正」，並把窟窿蓋上蓋子，然而這些策略除了惹惱他人——結果我們比平時更得不到同理心、讚美和愛——之外，並沒有什麼意義，因為它們並沒有解決基本的問題；相反地，我們要在心中攝取美好經驗來填補這個窟窿（見第四章），並一塊一塊磚頭的慢慢來。我年輕時，心中的窟窿就像大峽谷那麼深，當我意識到它應該而且可以填滿，我便刻意找尋證據證明自己的價值，例如獲得來自他人的愛和尊重、自己的良好特質與成就等，然後花幾秒鐘沉浸在這股感受中。經過幾星期，填補許多磚塊後，我開始覺得某些東西不一樣了，幾個月過去，我覺得自己更有價值。到現在，我早已填上幾千塊磚頭，心中的窟窿也已平坦如地。

不管心中的窟窿有多大，我們可以每天至少填補幾塊磚頭，只要隨時注意自己的優點、別人給予我們的關心與感謝等，然後攝入這些感受。一塊磚頭無法讓窟窿消失，但持之以恆、一天又一天、一塊磚頭又一塊磚頭地填補，總有一天會填滿。

和其他的修行一樣，「對自己好」是帶領我們度過痛苦之流的船筏，一旦我們到達彼岸，便不再需要船筏，因為我們已建立起內在的能力，不再需要有意識地尋找能證明自己是有價值的證據了。

不再記掛他人的想法

在不斷的演化之後，我們變得非常在乎自己的名譽，因為名譽影響族群中其他人是有助於，還是有害於我們的生存機會。人人都希望自己倍受尊重甚至被珍惜，因此起而尋求這些尊重和珍惜，但若陷入他人怎樣看待我們而無法自拔，則是另外一回事了，就像寂天菩薩說的：「贏得讚美，為什麼要歡欣呢？還是有其他人會譏謗批評我。遭到毀謗，為什麼要沮喪呢？還是有其他人覺得我不錯啊！」[33]

想想看，我們花了多少時間去想（甚至是在模擬器的背後最隱微地想）別人怎麼看我們。注意看看，我們是否會為了得到稱許及讚美而行事？事實上，我們只要努力盡一己之力，心中懷抱著美德、仁慈與智慧即可；如果我們一直由衷地如此實踐，會發現我們所能做的不過就是這麼多，而這已算夠多了！

你不需要很特別

如果我們相信自己非得很特別，才有資格得到愛與支持，那我們的標竿就設得太高了，這得花很多努力及持續的自制才能躍過；然而要是得不到我們所貪求的嘉許，我們便會批評自己，覺得自己不夠好也沒什麼價值。

該怎麼辨呢？我們可以說這幾句話：「願我不必特別也會被愛，願我不必特別也能有所貢獻。」想想看放棄做個特別的人，包括做個很重要、受讚賞的人，是什麼樣的感受？放棄是執取的相反，它是達到快樂的根本方法。不妨試著在心中一邊說出以下的句子，一面注意自己的感覺：「我不再想當重要的人，我不再想尋求贊同。」去感覺這種放棄所帶來的平靜。

愛我們自己這個**人**，一如關懷我們親愛的人那樣，但是不要愛**自我**或是任何等同自我的法塵。

參與世界

當我們和世界分隔開來，自我的感受便會增長，因此，加深與世界的連結感會減少自我的感受。

33 編註：語出《入菩薩行論》第八品：「若有人毀我，讚譽何足喜？若有人讚我，譏毀何足憂？」白話譯文見《生命不再等待》，心靈工坊於二〇〇八年出版。

若要活著，若要有新陳代謝，身體必須不斷地與這世界交換能量和物質，藉此參與世界；同樣的道理，我們的大腦基本上也沒有與餵養它、保護它的身體其他部分脫節，所以廣義而言，大腦是與這個世界相連的，而心又和腦形成一個整合的系統，是以我們的心也與世界緊密相連，我們可以透過以下的方法來加深這個認識：

- 觀照滋養我們身體的食物、水、陽光等，視自己為動物，就像自然界中其他的動物一樣，並花一些時間待在大自然的環境中。
- 注意環境中「空間」的層面，像是客廳中空氣的空的體積，或者上班時車子一路開過去的空間，這麼做會幫助我們自然地覺知到事物是一整體。
- 想得更大，想得更廣。例如加油時，想想產生假我的廣大因緣網絡，包括加油站、全球經濟，還有石油是從被壓在地層中的古老海洋生物與藻類化石中萃取出來的；接著，再想想這些因緣又如何依靠更大的網絡，包括太陽系、其他的星系和物質界的物理過程。試著去感覺活生生的真理：我們仰賴整個宇宙才能存活並安住；銀河因星系群而存在，太陽因銀河系而存在，我們因太陽而存在，所以從某方面來看，也能說我們是因為幾百萬光年以外的銀河系而存在。
- 可以的話，追溯到最終極的邊界，也就是全部、萬事萬物的全體。我們所看見的周遭世界，包括其中的身體和心一直都是一個整體，任何時刻我們都可以注意到這種整體性，它的某些部分不斷地「生、住、異、滅」[34]的循環改變，每一部分都是如此，因此不能靠任何一部分——包括自我——獲得真實、長期的快樂。但一體就是一體，這個事實不會改變，整體是可靠的整體，從不執取或受苦，而是「無明」使我們從整體緊縮成為自我。智慧能反轉這個過程，空掉自我，進而融入整體。

當個別的事物（如自我）感覺越來越虛薄，越來越不可靠時，萬事萬物的整體卻令人感覺越來越安全、越舒適。當我們感覺越來越虛薄時，每個看似存在的個別事物就像是雲朵，如果站在上面，我們會一腳踩空而掉下來。一開始這使人膽怯，但我們會逐漸發覺，天空的本身（也就是整體）正托著我們，我們在天空行走，**因為我們就是天空**，向來如此。我們和其他每個人向來都是天空。

34 編註：指顯示諸法生滅變遷之生、住、異、滅等四相，屬心不相應行法。

參與生命

有一次，我的朋友到緬甸的森林寺院中禪修，他發願守戒，包括不刻意殺害任何有生命的眾生。幾個星期後，他的禪修並沒有什麼進展，他開始懷疑問題出在他寮房附近的茅廁，他在用過之後會用水把茅坑周圍沖洗乾淨，但那裡常爬著一群螞蟻，所以牠們也一起被沖掉了。他問住持這樣可不可以，「不行，」住持說：「這不是你的發願。」於是我朋友很認真地遵守住持的話，更小心地清理馬桶，然後也許並非巧合，他的禪修果然大有進展。

我們有多常將一己的方便置於另一個眾生——甚至是茅坑上的螞蟻——的生命之上？我們並非刻意如此殘酷，卻非常自我中心地看待小動物，然而只要看著牠們（甚至是蚊子或老鼠）的眼睛，就會立刻知道牠們也想活下去，跟我們一樣。如果其他人為了方便而殺死我們，我們會有何感受？

只要我們願意，也可以遵守絕不因方便而殺生的戒律，如此一來，我們這個與眾生和諧相處的動物便會對一切生命感到更親密。這個世界其實就是我們自己的延伸，若我們不傷害自己，也就不會傷害這個世界。

同理，對世界的仁慈就是對自己仁慈。當自我開始放鬆且脫落，我們便能探索如何真正地生活。有次在禪修閉關期間，我強烈感受到一切事物都是一個整體，可是我開始感到絕望，因為我只是極微小的一部分，一點也不重要，我的生命不可能有任何重要性。當晚我難以入眠，直到隔天用早齋前，我坐在齋堂外靠近小溪的地方，看見一隻母鹿和幼鹿在附近的樹下，我開始非常深刻地感覺到每個生物都有它在整體中的本質與崗位。鹿媽媽舔舐鹿寶寶，用鼻子輕觸牠，然後又輕輕啃咬，牠們明顯地屬於自身所在之處，雖然最終仍會死去並消散，卻也以自己的方式活得興致勃勃並有所貢獻。在落葉中沙沙穿梭的昆蟲和鳥類也一樣，牠們都在四處活動，每個眾生多多少少都在整體中貢獻了一己之力。

每隻動物都有自己的崗位和貢獻，我也有我的。沒有哪個人特別重要，但我可以站在自己的崗位上活出生命的精采。我們大可放鬆，成為整體；雖然是整體，卻能以部分表現出來；是部分，卻也能以整體表現。

後來，一隻灰色松鼠和我隔著幾公尺對望著。我很自然地祝願松鼠一切都好，祝牠找到橡實，並且躲過貓頭鷹（同時，因為這個森林的生態很複雜，我也希望貓頭鷹一切都好，祝牠找到松鼠來解決飢餓問題）。我們互望了好長一段時間，我真的希望松鼠一切如意，接著就在突然間，我清楚看見：我也是一個生物，就像松鼠一樣，是以我也能祝願我自己一切如意，就像祝願其他眾生一樣。

所以，我想說的是，我們大可祝願自己一切如意，就像祝願其他一切眾生如意；我們大可根據自己的天性，好好運用人類的大腦好好地活著，在這一世的生命裡，在快樂、愛和智慧的道路上能走多遠，就走多遠。

當自我消散，還有什麼留下，甚至是暫時留下來？身為六十九億個人類動物的一員，我們可以全心全意的奉獻自己，祝願一切繁榮興盛；祝願自己快樂、強壯、長壽；祝願自己充滿關懷且仁慈、覺醒；祝願自己安住在煥發、廣闊、充滿愛的意識中；祝願自己感覺受到保護和支持，快樂而自在，寧靜而滿足，平靜地生活並愛人。

重點提要

✽非常諷刺也非常尖銳的是，「我」使我們多方受苦。當我們覺得事情衝著我們個人來、認同或想擁有那些遲早會消失的事物，又或者把自己與萬事萬物分隔開來，我們就受苦了。相反地，當我們鬆脫自我的感受，隨順生命的流動，就會感到快樂且知足。

✽當我們帶著身體去走路，或者做任何事卻沒有自我的感受時，會發現一些有趣的現象：自我通常讓我們感到緊縮和緊繃，它往往是不必要的，它也不斷變化。自我在回應機會和危險時特別活躍，欲望先塑造「我」，然後「我」才打造欲望。

＊念頭、感覺、影像等訊息模式，根據神經結構與神經活動的模式而來，同樣地，自我如何表現出來和作為一位「自我」的感受，也是心和腦中的模式，問題並不在於那些模式存在與否，重點是它們的**本質**是什麼？他們指向的那個統一、擁有持續經驗的主人和行動的代理人，真的存在嗎？

＊自我的許多面向乃是根據無數的神經網絡而來，這些網絡執行許多和自我無關的功能。在網絡裡，自我如何表現出來，看起來並沒有任何神經學上的特殊意義。

＊自我只是我們個人的一部分，大部分的思想、計畫和行動並不需要一個自我來指揮，而與自我有關的神經網絡只是大腦的一小部分，甚至只是神經系統的更小一部分。

＊自我不斷地變動，在大腦裡，每一個自我的生起都是無常的，正如電影中個別的定格產生一種運動的假象般，交疊的神經聚集在一起流動而後消散，藉此創造出一貫且連續的自我的假象。

＊自我靠著不同的因緣條件生起並變動，尤其是愉悅和不愉悅的感受，此外它也依靠人際關係，並包括更廣闊的世界。「我」的感覺的最根本基礎是從身體和世界的相互關係中生起，它只是覺知中本來的主觀性，自我根本不是獨立的存在體。

＊以下的陳述大錯特錯：與自我有關的心理活動，包括感覺到自己是造作各種經驗的作者等，都指向一個統一的、持續的、獨立存在的「我」，它是必不可少的經驗的主人和行為的代理人。事實上，

這樣的自我並不存在，自我是非真實存在的真實總體呈現，就像獨角獸的故事一樣。

✻ 假我對人際關係或長期一貫性的心理健康感自有用處，人類之所以感覺到有自我，是因為在進化過程中它有維持生存的功能。嫌惡自我並沒有意義，因為嫌惡會強化自我，重點在於洞見自我，讓它鬆脫並消散。

✻ 自我藉著認同、占有、自尊、與世界和生命分離而逐漸膨脹。在這一章，我們多方探索了如何從此處解脫的方法，也探索了如何安住於廣闊的覺知、誠心祝福自己生機蓬勃，同時因為與眾生和平共處而感到知足。

致謝

我們要向以下許多人致謝：

我們的心靈導師，包括克莉絲汀娜・費德曼（Christina Feldman）、詹姆斯・巴瑞茲（James Baraz）、塔拉・布萊克、阿姜查大師（Ajahn Chah）、阿姜蘇美多（Ajahn Sumedho）、阿姜布拉姆（Ajahn Brahm）、傑克・康菲爾德、西爾維亞・布洛斯汀（Sylvia Boorstein）、蓋伊與莎莉・阿姆斯壯（Guy and Sally Armstrong）、約瑟夫・高斯坦、卡瑪拉・馬斯特（Kamala Masters，特別是「平等心」那一章）、史帝夫・阿姆斯壯（Steve Armstrong）、吉爾・法蘭斯朵（Gil Fronsdal）、菲利普・莫菲特（Phillip Moffitt）、魏斯・尼斯克以及阿諦達（Adi Da）。

我們的經師和人師，包括丹・西格爾（Dan Siegel）、艾文・湯普森（Evan Thompson）、瑞奇・戴維森、馬克・歷里（Mark Leary）、伯納德・巴爾斯（Bernard Baars）、維爾・甘寧漢（Wil Cunningham）、菲爾・里拉若（Phil Zelazo）、安童・拉茲（Antoine Lutz）、艾倫・

華勒士、威廉・沃爾德倫（William Waldron）、安迪・歐倫納吉奇（Andy Olendzki）、傑洛米・恩格、法蘭克・本森（Frank Benson）、弗雷・魯斯金（Fred Luskin），以及已故的弗朗西斯克・瓦雷拉（Francisco Varela）。另外，在撰寫本書的最後階段，我們讀到戴維遜博士（Davidson）與拉茲（Latz）博士同樣名為〈佛陀的腦〉（Buddha's Brain，本書原文書名）的研究報告，我們恭敬地認同他們是首先提出這個名詞的人。

我們的贊助人，包括靈岩禪修中心、心視研究院、彼得・鮑曼（Peter Bauman）、聖拉菲爾（San Rafael）靜心團體的成員、帕特里克・安德森（Patrick Anderson）、泰里・潘特（Terry Patten）、丹尼爾・艾倫坡（Daniel Ellenberg）、朱迪思・貝爾（Judith Bell）、安迪・卓特（Andy Dreitcer）、麥克爾・哈格帝（Michael Hagerty）、朱利安・艾薩克斯（Julian Isaacs）、史蒂芬・拉維（Stephen Levine）、理查・米勒（Richard Miller）、迪安娜・克拉克（Deanna Clark）、社區佛法領袖課程（Community Dharma Leaders Program）以及蘇・索爾（Sue Thoele）。

我們仔細閱讀的讀者提供許多有用的建議，包括琳達・葛雷姆（Linda Graham）、卡洛林・平克斯（Carolyn Pincus）、哈羅德・哈德曼（Harold Hedelman）、史蒂芬・邁爾斯（Steve Meyers）、蓋伊・沃森（Gay Watson）、約翰・凱西（John Casey）、雪莉・威爾福（Cheryl

Wilfong）、傑米・蘭特（Jeremy Lent）以及約翰・加斯特（John Prendergast），另外還有耗費苦心、心胸寬廣的繪圖者布拉德・雷諾茲（Brad Reynolds）。

我們的家人，包括強（Jan）、弗雷斯特（Forrest）、羅洛（Laurel）、雪莉・斯坎梅爾（Shelly Scammell）、考特尼（Courtney）、塔林（Taryn）、伊恩（Ian）；威廉・漢森（William Hanson）、琳娜（Lynne）、吉姆（Jim）、基斯（Keith）、珍妮・漢森（Jenny Hanson）、派翠西亞（Patricia Winter Mendius）、凱塞琳（Catherine M. Graber）、路易斯（E. Louise Mendius）與凱倫（Karen M. Chooljian）。

最後，感謝許許多多打開我們每個人心智與心靈的人。

【附錄一】

營養的神經化學

珍・韓森（Jan Hanson）

本書正文探討如何透過心的介入來影響大腦，這份附錄則以營養學的角度介紹如何以健康的生理來支援大腦功能，然而這些建議並不能取代專業照顧，也不是針對任何生理異常狀況。

我本身是名針灸師，研究臨床營養已有許多年，而且很需要將學到的應用在自己身上！我們每天吃下這麼多食物，其實做一點小小的、周全的且理性的改變，就會逐漸產生意想不到的好處；有時候，長期攝取我們需要的營養素等等的步驟，真能讓健康迅速改善。

飲食基礎

每天吃得好，對大腦極有幫助，但要注意減少糖分的攝取，同時避免食物過敏原。

每天吃得好

攝取廣泛且豐富的營養素，最重要的是，這意味著我們要攝取豐富的蛋白質與蔬菜。每一餐都要吃蛋白質，分量約莫手掌大小；另外一天至少吃三碗蔬菜，當然，越多越好！最理想的情況是，吃下的每一餐有一半以上是各種種類和色彩的蔬菜。水果也供給重要的營養，其中漿果類（如藍莓、蔓越莓、草莓等）是大腦健康的好幫手。

減少糖分

飲食中要控制糖分的攝取，因為高血糖會損耗海馬迴，此外耐糖不良（impaired glucose tolerance）[35]也與老年人認知功能障礙有關。減低糖分的最佳辦法就是不吃精製的糖（尤其是含有糖分的飲料），以及用精製麵粉生產的食物，例如麵包、麵條和餅乾等。

避免過敏原

吃下敏感食物，會讓我們產生全身過敏與發炎反應，不僅會影響消化系統，慢性發炎時（甚至是相當輕微的發炎）也會影響大腦，例如麩質過敏（gluten sensitivity）和多種神經異常有關；而且，即使我們不知道自己對什麼敏感，牛奶喝得越多，罹患帕金森氏症的風險越高。

最常見的食物過敏原有牛奶製品、麩質穀類（小麥、燕麥、黑麥、大麥）和黃豆。想知道自己對什麼食物會過敏，可以透過醫療檢驗，也可以試著一、兩個星期不吃可能有問題的食物，然後注意看看自己是不是感覺更好、思想更清楚、消化更良好，而且精力更充沛。

大腦基本的補給

維生素和礦物質是近千種新陳代謝過程中的輔助因素，它們支援健康的各各層面，包括大腦和心的運作，所以最好攝取足夠的維生素與礦物質來照顧所有健康上的需要，然而，除非我們花很多時間取得或準備新鮮的食物，否則很難只從飲食中攝取到足夠的維生素與礦物質，因此可以審慎補充一些保健品。

補充高效的多種維生素與礦物質

充足的多種維生素與多種礦物質補充劑是健康的保單，有助於我們獲得廣泛的基本營養素。雖然所有的營養素都很重要，但維生素B對大腦健康特別重要，維生素B12、B6及葉酸能幫助甲基化（methylation）的生化過程，在產生神經傳導物質方面很重要。當維生素B群不足時，同半胱胺酸（homocysteine，一種胺基酸）的份量可能會提高，進而令老年人的認知降低並增加罹患失智症的風險；此外低葉酸也是憂鬱症的危險因素之一，補充它可以減低憂鬱症的症狀。

我們所攝取的多種維生素中，應該包含每日標準攝取量（daily value）十到二十五倍的維生素B，以及八百微克（mcg）以上的葉酸，並攝取每日標準攝取量百分之百以上的大部分礦物質。要達到這些份量，可能需要增加一般的多種維生素與礦物質補充劑。

35 編註：指攝取過多的糖分後，血糖不正常升高。

攝取多元不飽和脂肪酸

魚油中的多元不飽和脂肪酸（Omega-3）——二十二碳六烯酸（docosahexaenoic acid, DHA）與二十碳五烯酸（eicosapentaenoic acid, EPA）——對大腦很有益處，可促進神經元的生長、振奮情緒及減緩失智症。DHA是中央神經系統主要的結構脂肪酸，對大腦的發展非常重要，同時也是重要的抗炎分子，所以攝取足夠的魚油是很重要的，每日至少攝取五百毫克（mg）的DHA和同樣分量的EPA，並盡量找分子蒸餾製成的高品質產品。

素食者可以每天吃一湯匙的亞麻仁油（也可以加入沙拉的淋醬中，但別烹煮），然而，雖然亞麻仁油會轉換成DHA與EPA，但大部分人的身體並無法有效轉換，因此在亞麻仁油中可以添加五百毫克的海藻，幫助攝取足夠的DHA。

攝取含有γ-生育酚的維生素E

維生素E是大腦中細胞膜的主要抗氧化物，而它最常見的形式就是出現在飲食中的γ-生育酚（gamma-tocopherol），大約占所有維生素E攝取量的百分之七十。

不幸的是，營養補充劑中通常含的是α-生育酚（alpha-tocopherol），這是另一種維生素

E的形式，α-生育酚的好處沒有γ-生育酚那麼多，而且還會稀釋我們從飲食中得到的γ-生育酚。有一份研究發現，老年人若攝取主要成分為γ-生育酚的高維生素E，其罹患阿茲海默症的風險較低，認知衰退的速率也會減緩。

神經傳導物質的營養支援

我們可以透過特定的營養介入來影響神經傳導物質，但必須非常小心地從小劑量開始，並且尊重自己的體質，因為每個人會有不一樣的反應。一次只嘗試一種，若確定感覺不錯，再服用另外一種；如果覺得有不良副作用就立即停止。正在服用抗憂鬱藥或精神藥物的人請勿服用補充劑，除非醫生同意。

血清素

血清素支援情緒、消化和睡眠，它由色胺酸（tryptophan）製造：色胺酸先被轉換為5-羥基色胺酸（5-hydroxytryptophan, 5-HTP），然後再轉換為血清素。這些轉換需要營養輔助因素，尤其是鐵和維生素B6（含有磷酸哆醛〔pyridoxal-5-phosphate, P5P〕成分的）；下列的營養素有助於血清素的分泌，可組合服用。

㈠鐵

如果感覺疲乏或憂鬱，可和醫生談談是否可能缺鐵，另外，許多停經後的婦女也有低鐵現象。我們可以透過驗血來確認是否貧血，如果真的有貧血，可以服用鐵補充劑，至於適當的劑量得視驗血報告來決定。

㈡維生素B6

維生素B6是幾十種，甚至是幾百重要的新陳代謝過程的輔助因素，包括好幾種神經傳導物質（如血清素）的分泌，我們可以在早上起床時，空腹服用五十毫克的維生素B6（P5P）。

㈢5-HTP和色胺酸

建議在早晨服用五十至兩百毫克的5-HTP，睡前服用五百到一千毫克的色胺酸，如果想振奮精神，可以在早晨服用5-HTP，這會讓我們清醒過來，同時也是製造血清素最直接的路徑。如果有失眠的困擾，不妨從睡前服用色胺酸著手，比較容易改善睡眠。

正腎上腺素和多巴胺

正腎上腺素和多巴胺是興奮神經傳導物質，可支援精力、情緒和專注力。產生這些神經傳導物質的過程開始於L-苯丙胺酸（L-phenylalanine），然後轉化為酪胺酸（L-tyrosine），它能製造多巴胺，接著多巴胺又進一步轉化為正腎上腺素。

一如血清素，鐵和維生素B6（P5P）也是這些轉化的必要輔助因素，因此補充鐵和維生素B6可以促進正腎上腺素和多巴胺分泌，然而在增進正腎上腺素和多巴胺之前，由血清素先發揮最佳效果往往比反過來好。我們可以從產生血清素的營養素著手，在考慮服用L-苯丙胺酸或酪胺酸之前，先試服鐵和維生素B6（P5P）兩星期左右。

L-苯丙胺酸或酪胺酸補充劑對某些人而言可能太過強烈，如果服用之後覺得緊張或亢奮，便立即停用，或者謹慎地從每次服用五十毫克或以下的低劑量開始，並在早上空腹時服用；一段時間後若覺得效果不錯，便每日增加到一千五百毫克。在這兩種胺基酸中，酪胺酸是產生正腎上腺素和多巴胺最直接的路徑，因此可以較常服用，不過也有人比較喜歡L-苯丙胺酸，其實任何一個都可以。

乙醯膽素

乙醯膽素（acetylcholine）支援記憶力和專注力，若要建立這種神經傳導物質，飲食中必須含有豐富膽鹼的來源，像是蛋黃（可能是最好的來源）、牛肉、肝，或是乳製品的脂肪。如果決定嘗試補充劑，可以考慮下列的建議，但一次只服用一種。

㈠磷脂絲胺酸

磷脂絲胺酸（phosphatidylserine, PS）是大腦中主要的酸磷脂，也是大腦細胞膜重要元素。磷脂在大腦細胞的傳導方面十分重要，磷脂絲胺酸支援乙醯膽素，而且似乎有助於記憶力，每日可服用一百至三百毫克。

㈡乙醯左旋肉鹼

乙醯左旋肉鹼（acetyl-l-carnitine）在記憶力與阿茲海默症上也許幫得上忙，試著在晨間空腹時服用五百至一千毫克，如果你對刺激的營養素敏感，也許可以先試試看這一個。

㈢石杉鹼甲

石杉鹼甲（huperzine-a）是從中國石松子（Chinese Club Moss）中淬取出來，它能減緩乙醯膽素的代謝分解，從而增進記憶力和專注力，可試著每日服用五十至兩百毫克。

萬丈高樓從地起

大腦由數以兆計的分子構成，大多數的分子是經由我們每次放入口中的食物所產生的，所以在飲食與營養補充劑上的小小改變，會逐漸改變大腦的構成元素，從分子的地下室開始更上一層樓。一旦大腦的生理基質有所改進，我們在生理上和心理上就會感覺到更健康，在心理和心靈的修行方面也會更有收穫。

【附錄二】參考文獻

Allman, J., A. Hakeem, J. Erwin, E. Nimchinsy, and P. Hop. 2001. The anterior cingulate cortex: The evolution of an interface between emotion and cognition. *Annals of the New York Academy of Sciences*, 935:107–117.

Amaro. 2003. *Small Boat, Great Mountain: Theravadan Reflections on the Natural Great Perfection*. Redwood Valley, CA: Abhayagiri Buddhist Monastery.

Aron, A., H. Fisher, D. Mashek, G. Strong, H. Li, and L. Brown. 2005. Reward, motivation, and emotion systems associated with early-stage intense romantic love. *Journal of Neurophysiology* 94:327–337.

Aspinwall, L. G. and S. E. Taylor. 1997. A stitch in time: Self-regulation and proactive coping. *Psychological Bulletin* 121:417–436.

Atmanspacher, H. and P. Graben. 2007. Contextual emergence of mental states from neurodynamics. *Chaos and Complexity Letters* 2:151–168.

Baars, B. J. 1997. In the theatre of consciousness: Global workspace theory, a rigorous scientific theory of consciousness. *Journal of Consciousness Studies* 4:292.

Balter, M. 2007. Brain evolution studies go micro. *Science* 315: 1208–1211.

Bard, K. A. 2006. Are humans the only primates that cry? *Scientific American Mind* 17:83.

Bateson, M., D. Nettle, and G. Robert. 2006. Cues of being watched enhance cooperation in a real-world setting. *Biology Letters* 2:412–414.

Baumeister, R., E. Bratlavsky, C. Finkenauer, and K. Vohs. 2001. Bad is stronger than good. *Review of General Psychology* 5:323–370.

Begley, S. 2007. *Train Your Mind, Change Your Brain: How a New Science Reveals Our Extraordinary Potential to Transform Ourselves.* New York: Ballantine Books.

Benson, H. 2000. *The Relaxation Response.* New York: Harper Paperbacks.

Bowles, S. 2006. Group competition, reproductive leveling, and the evolution of human altruism. *Science* 314:1569–1572.

———. 2009. Did warfare among ancestral hunter-gatherers affect the evolution of human social behaviors? *Science* 324:1293-1298.

Brahm, A. 2006. *Mindfulness, Bliss, and Beyond: A Meditator's Handbook.* Boston: Wisdom Publications.

Braver, T. and J. Cohen. 2000. On the control of control: The role of dopamine in regulating prefrontal function and working memory. In *Control of Cognitive Processes: Attention and Performance XVIII,* edited by S. Monsel and J. Driver. Cambridge, MA: MIT Press.

Braver, T., D. Barch, and J. Cohen. 2002. The role of prefrontal cortex in normal and disordered cognitive control: A cognitive neuroscience perspective. In *Principles of Frontal Lobe Function,* edited by D. T. Stuss and R. T. Knight. New York: Oxford University Press.

Brehony, K. A. 2001. *After the Darkest Hour: How Suffering Begins the Journey to Wisdom.* New York: Macmillan.

Brickman, P., D. Coates, and R. Janoff-Bulman. 1978. Lottery winners or accident victims: Is happiness relative? *Journal of Personality and Social Psychology* 36:917–927.

Buschman, T. and E. Miller. 2007. Top-down versus bottom-up control of attention in the prefrontal and posterior parietal cortices. *Science* 315:1860–1862.

Carter, O. L., D. E. Presti, C. Callistemon, Y. Ungerer, G. B. Liu, and J. D. Pettigrew. 2005. Meditation alters perceptual rivalry in Tebetan Buddhist monks. *Current Biology* 15:412–413.

Cheney, D. L. and R. M. Seyfarth. 2008. *Baboon Metaphysics: The Evolution of a Social Mind*. Chicago: University of Chicago Press.

Cheng, D. H., H. T. Ren, and C. Xi. 1996. Huperzine A, a novel promising acetylcholinesterase inhibitor. *NeuroReport* 8:97–101.

Choi, J. and S. Bowles. 2007. The coevolution of parochial altruism and war. *Science* 318:636–640.

Clarke, R., J. Birks, E. Nexo, P. M. Ueland, J. Schneede, J. Scott, A. Molloy, and J. G. Evans. 2007. Low vitamin B-12 status and risk of cognitive decline in older adults. *American Journal of Clinical Nutrition* 86:1384–1391.

Cohen, J., G. Aston-Jones, and M. Gilzenrat. 2005. A systems-level perspective on attention and cognitive control. In *Cognitive Neuroscience of Attention*, edited by M. Posner. New York: Guilford Press.

Coward, F. 2008. Standing on the shoulders of giants. *Science* 319:1493–1495.

Cunningham, W. and P. D. Zelazo. 2007. Attitudes and evaluations: A social cognitive neuroscience perspective. *Trends in Cognitive Sciences* 11:97–104.

D'Amasio, A. 2000. *The Feeling of What Happens: Body and Emotion in the Making of Consciousness*. Orlando, FL: Harvest Books.

Davidson, R. J. 2004. Well-being and affective style: Neural substrates and biobehavioural correlates. *Philosophical Transactions of the Royal Society* 359:1395–1411.

Davidson, R. J., J. Kabat-Zinn, J. Schumacher, M. Rosenkranz, D. Muller, S. F. Santorelli, F. Urbanowski, A. Harrington, K. Bonus, and J. F. Sheridan. 2003. Alterations in brain and immune function produced by mindfulness meditation. *Psychosomatic Medicine* 65:564–570.

Dehaene, S., C. Sergent, and J. Changeux. 2003. A neuronal network model linking subjective reports and objective physiological data during conscious perception. *Proceedings of the National Academy of Sciences* 100:8520–8525.

de Quervain, D. U. Fischbacher, V. Treyer, M. Schellhammer, U. Schnyder, A. Buck, and E. Fehr. 2004. The neural basis of altruistic punishment. *Science* 305:1254–1258.

de Waal, F. 2006. *Primates and Philosophers: How Morality Evolved.* Princeton, NJ: Princeton University Press.

Dobzhansky, T. 1973. Nothing in biology makes sense except in the light of evolution. *American Biology Teacher* 35:125–129.

Dunbar, R. I. M. and S. Shultz. 2007. Evolution in the social brain. *Science* 317:1344–1347.

Dunn, E. W., L. B. Aknin, and M. Norton. 2008. Spending money on others promotes happiness. *Science* 319:1687–1688.

Dusek, J. A., H. H. Out, A. L. Wohlhueter, M. Bhasin, L. F. Zerbini, M. G. Joseph, H. Benson, and T. A. Libermann. 2008. Genomic counter-stress changes induced by the relaxation response. *PLoS ONE* 3:e2576.

Efferson, C., R. Lalive, and E. Feh. 2008. The coevolution of cultural groups and ingroup favoritism. *Science* 321:1844–1849.

Eisenberger, N. I., and M. D. Lieberman. 2004. Why rejection hurts: A common neural alarm system for physical and social pain. *Trends in Cognitive Science* 8:294–300.

Ekman, P. 2007. *Emotions Revealed: Recognizing Faces and Feelings to Improve Communication and Emotional Life*, 2nd ed. New York: Holt and Company LLC.

Engel, A. K., P. Fries, and W. Singer. 2001. Dynamic predictions: Oscillations and synchrony in top-down processing. *Nature Reviews Neuroscience* 2:704–716.

Farb, N. A. S., Z. V. Segal, H. Mayberg, J. Bean, D. McKeon, Z. Fatima, and A. Anderson. Attending to the present: Mindfulness meditation reveals distinct neural modes of self-reference. *Social Cognitive and Affective Neuroscience* 2:313–322.

Fisher, H. E., A. Aron, and L. Brown. 2006. Romantic love: A mammalian brain system for mate choice. *Philosophical Transactions of the Royal Society* 361:2173–2186.

Fiske, S. T. 2002. What we know about bias and intergroup conflict, the problem of the century. *Current Directions in Psychological Science* 11:123–128.

Frederickson, B. L. 2000. Cultivating positive emotions to optimize health and well-being. *Prevention and Treatment* Vol. 3: Article 0001a, posted online March 7, 2000.

———. 2001. The role of positive emotions in positive psychology. *American Psychologist* 56:218–226.

Frederickson, B. L. and R. Levenson. 1998. Positive emotions speed recovery from the cardiovascular sequelae of negative emotions. *Psychology Press* 12:191–220.

Frederickson, B. L., R. Mancuso, C. Branigan, and M. Tugade. 2000. The undoing effect of positive emotions. *Motivation and Emotion* 24:237–258.

Fronsdal, G, trans. 2006. *The Dhammapada: A New Translation of the Buddhist Classic with Annotations.* Boston: Shambhala.

Galdi, S., L. Arcuri, and B. Gawronski. 2008. Automatic mental associations predict future choices of undecided decision makers. *Science* 321:1100–1102.

Gallagher, S. 2000. Philosophical conceptions of the self: Implications for cognitive science. *Trends in Cognitive Sciences* 4:14–21.

Gallagher, H. and C. Frith. 2003. Functional imaging of "theory of mind." *Trends in Cognitive Sciences* 7:77–83.

Galli, R. L., D. F. Bielinski, A. Szprengiel, B. Shukitt-Hale, and J. A. Joseph. 2006. Blueberry supplemented diet reverses age-related decline in hippocampal HSP70 neuroprotection. *Neurobiology of Aging* 27:344–350.

Gaskin, S. 2005. *Monday Night Class.* Summertown, TN: Book Publishing Company.

Gibbons, A. 2008. The birth of childhood. *Science* 322:1040–1043.

Gillihan, S., and M. Farah. 2005. Is self special? A critical review of evidence from experimental psychology and cognitive neuroscience. *Psychological Bulletin* 131:76–97.

Gottman, J. 1995. *Why Marriages Succeed or Fail: And How You Can Make Yours Last.* New York: Simon and Schuster.

Gould, E., P. Tanapat, N. B. Hastings, T. Shors. 1999. Neurogenesis in adulthood: A possible role in learning. *Trends in Cognitive Sciences* 3:186–192.

Gross, J. J. and O. P. John. 2003. Individual differences in two emotion regulation processes: Implications for affect, relationships, and well-being. *Journal of Personality and Social Psychology* 85:348–362.

Guastella, A. J., P. U. B. Mitchell, and M. R. Dads. 2008. Oxytocin increases gaze to the eye region of human faces. *Biological Psychiatry* 305:3–5.

Gusnard, D. A., E. Abuja, G. I. Schulman, and M. E. Raichle. 2001. Medial prefrontal cortex and self-referential mental activity: Relation to a default mode of brain function. *Proceedings of the National Academy of Sciences* 98:4259–4264.

Hadjivassiliou, M., A. Gibson, G. A. B. Davies-Jones, A. J. Lobo, T. J. Stephenson, and A. Milford-Ward. 1996. Does cryptic gluten sensitivity play a part in neurological illness? *Lancet* 347:369–371.

Hadjivassiliou, M., R. A. Gunwale, and G. A. B. Davies-Jones. 2002. Gluten sensitivity as a neurological illness. *Journal of Neurology, Neurosurgery and Psychiatry* 72:560–563.

Haidt, J. 2007. The new synthesis in moral psychology. *Science* 316:998–1002.

Han, S., and G. Northoff. 2008. Culture-sensitive neural substrates of human cognition: A transcultural neuroimaging approach. *Nature Reviews Neuroscience* 9: 646–654.

Hanson, R., J. Hanson, and R. Pollycove. 2002. *Mother Nurture: A Mother's Guide to Health in Body, Mind, and Intimate Relationships.* New York: Penguin.

Harbaugh, W. T., U. Mayr, and D. R. Burghart. 2007. Neural responses to taxation and voluntary giving reveal motives for charitable donations. *Science* 316:1622–1625.

Hariri, A. R., S. Y. Bookheimer, and J. C. Mazziotta. 2000. Modulating emotional responses: Effects of a neocortical network on the limbic system. *NeuroReport* 11:43–48.

Hebb, D. O. 1949. *The organization of behavior.* New York: Wiley.

Herrmann, E., J. Call, H. Hernández-Lloreda, B. Hare, and M. Tomasello. 2007. Humans have evolved specialized skills of social cognition: The cultural intelligence hypothesis. *Science* 317:1358–1366.

Hölzel, B. K., U. Ott, T. Gard, H. Hempel, M. Weygandt, K. Morgen, and D. Vaitl. 2008. Investigation of mindfulness meditation practitioners with voxel-based morphometry. *Social Cognitive and Affective Neuroscience* 3:55–61.

Hyman, M. 2009. *The UltraMind Solution.* New York: Scribner.

Jankowiak, W., and E. Fischer. 1992. Romantic love: A cross-cultural perspective. *Ethnology* 31:149–155.

Jha, A. P., J. Krompinger, and M. J. Baime. 2007. Mindfulness training modifies subsystems of attention. *Cognitive, Affective, Behavioral Neuroscience* 7:109–119.

Jiang, Y., and S. He. 2006. Cortical responses to invisible faces: Dissociating subsystems for facial-information processing. *Current Biology* 16:2023–2029.

Joseph, J. A., N. A. Denisova, G. Arendash, M. Gordon, D. Diamond, B. Shukitt-Hale, and D. Morgan. 2003. Blueberry supplementation enhances signaling and prevents behavioral deficits in an Alzheimer disease model. *Nutritional Neuroscience* 6(3):153–162.

Judson, O. 2007. The selfless gene. *Atlantic,* October, 90–97.

Kaplan, B. J., S. G. Crawford, C. J. Field, and J. S. A. Simpson. 2007. Vitamins, minerals, and mood. *Psychological Bulletin* 133:747–760.

Keeley, L. H. 1997. *War Before Civilization: The Myth of the Peaceful Savage.* New York: Oxford University Press.

Kidd, P. 2005. Neurodegeneration from mitochondrial insufficiency: Nutrients, stem cells, growth factors, and prospects for brain rebuilding using integrative management. *Alternative Medicine Review* 10:268–293.

Knoch, D., A. Pascual-Leone, K. Meyer, V. Treyer, and E. Fehr. 2006. Diminishing reciprocal fairness by disrupting the right prefrontal cortex. *Science* 314:829–832.

Koch, C., and N. Tsuchiya. 2006. Attention and consciousness: Two distinct brain processes. *Trends in Cognitive Sciences* 11:16–22.

Kocsis, B. and R. P. Vertes. 1994. Characterization of neurons of the supramammillary nucleus and mammillary body that discharge rhythmically with the hippocampal theta rhythm in the rat. *Journal of Neuroscience* 14:7040–7052.

Kornfield, J. 1996. *Teachings of the Buddha.* Boston: Shambhala.

Kosfeld, M., M. Heinrichs, P. Zak, U. Fischbacher, and E. Fehr. 2005. Oxytocin increases trust in humans. *Nature* 435:673–676.

Kristal-Boneh, E., M. Raifel, P. Froom, and J. Ribak. 1995. Heart rate variability in health and disease. *Scandinavian Journal of Work, Environment, and Health* 21:85–95.

Lammert, E. 2008. Brain wnts for blood vessels. *Science* 322:1195–1196.

Lazar, S., C. Kerr, R. Wasserman, J. Gray, D. Greve, M. Treadway, M. McGarvey, B. Quinn, J. Dusek, H. Benson, S. Rauch, C. Moore, and B. Fischl. 2005. Meditation experience is associated with increased cortical thickness. *NeuroReport* 16:1893–1897.

Leary, M. R., C. E. Adams, and E. B. Tate. 2006. Hypo-egoic self-regulation: Exercising self-control by diminishing the influence of the self. *Journal of Personality* 74:180–183.

Leary, M. R., and N. R. Buttermore. 2003. The evolution of the human self: Tracing the natural history of self-awareness. *Journal for the Theory of Social Behaviour* 33:365–404.

Leary, M., E. Tate, C. Adams, A. Allen, and J. Hancock. 2007. Self-compassion and reactions to unpleasant self-relevant events: The implications of treating oneself kindly. *Journal of Personality* 92:887–904.

LeDoux, J. E. 1995. Emotion: Clues from the brain. *Annual Review of Psychology* 46:209–235.

———. 2003. *Synaptic Self: How Our Brains Become Who We Are.* New York: Penguin.

Legrand, D. and Ruby, P. 2009. What is self-specific? Theoretical investigation and critical review of neuroimaging results. *Psychological Review* 116: 252–282.

Lewis, M. D. 2005. Self-organizing individual differences in brain development. *Developmental Review* 25:252–277.

Lewis, M. D., and R. M. Todd. 2007. The self-regulating brain: Cortical-subcortical feedback and the development of intelligent action. *Cognitive Development* 22:406–430.

Libet, B. 1999. Do we have free will? *Journal of Consciousness Studies* 6:47–57.

Licinio J., P. W. Gold, and M. L. Wong. 1995. A molecular mechanism for stress-induced alterations in susceptibility to disease. *Lancet* 346:104–106.

Lieberman, M., N. Eisenberg, M. Crocket, S. Tom, J. Pfeifer, and B. Way. 2007. Putting feelings into words. *Psychological Science* 18:421–428.

Lilly, J. 2006. *The Deep Self: Consciousness Exploration in the Isolation Tank.* Nevada City, CA: Gateways Books and Tapes.

Linden, D. J. 2007. *The Accidental Mind: How Brain Evolution Has Given Us Love, Memory, Dreams, and God.* Cambridge, MA: The Belknap Press of Harvard University Press.

Luders, E., A. W. Toga, N. Lepore, and C. Gaser. 2009. The underlying anatomical correlates of long-term meditation: larger hippocampal and frontal volumes of gray matter. *Neuroimage* 45:672–678.

Luskin, F., M. Reitz, K. Newell, T. G. Quinn, and W. Haskell. 2002. A controlled pilot study of stress management training of elderly patients with congestive heart failure. *Preventive Cardiology* 5:168–174.

Lutz, A., J. Brefczynski-Lewis, T. Johnstone, and R. Davidson. 2008. Regulation of the neural circuitry of emotion by compassion meditation: Effects of meditative expertise. *PLoS ONE* 3(3):e1897.

Lutz, A., L. Greischar, N. Rawlings, M. Ricard, and R. Davidson. 2004. Long-term meditators self-induce high-amplitude gamma synchrony during mental practice. *Proceedings of the National Academy of Sciences* 101:16369–16373.

Lutz, A., J. Lachaux, J. Martinerie, and F. Varela. 2002. Guiding the study of brain dynamics by first-person data: Synchrony patterns correlate with ongoing conscious states during a simple visual task. *Proceedings of the National Academy of Sciences* 99:1586–1591.

Lutz, A., H. A. Slager, J. D. Dunne, and R. J. Davidson. 2008. Attention regulation and monitoring in meditation. *Trends in Cognitive Sciences* 12:163–169.

Ma, Q. L., B. Teter, O. J. Ubeda, T. Morihara, D. Dhoot, M. D. Nyby, M. L. Tuck, S. A. Frautschy, and G. M. Cole. 2007. Omega-3 fatty acid docosahexaenoic acid increases SorLA/LR11, a sorting protein with reduced expression in sporadic Alzheimer's disease (AD): Relevance to AD prevention. *The Journal of Neuroscience* 27:14299–14307.

Mackenzie, M. 2009. Enacting the self: Buddhist and Enactivist approaches to the emergence of the self. *Phenomenology and the Cognitive Sciences* (in press).

MacLean, P. D. 1990. *The Triune Brain in Evolution: Role in Paleocerebral Functions*. New York: Springer.

Maguire, E., D. Gadian, I. Johnsrude, C. Good, J. Ashburner, R. Frackowiak, and C. Frith. 2000. Navigation-related structural change in the hippocampi of taxi drivers. *Proceedings of the National Academy of Sciences* 97:4398–4403.

Main, M., E. Hesse, and N. Kaplan. 2005. Predictability of attachment behavior and representational processes at 1, 6, and 19 years of age: The Berkeley Longitudinal Study. In *Attachment from Infancy to Adulthood: The Major Longitudinal Studies*, edited by K. E. Grossmann, K. Grossmann, and E. Waters. New York: Guilford Press.

Maletic, V., M. Robinson, T. Oakes, S. Iyengar, S. G. Ball, and J. Russell. 2007. Neurobiology of Depression: An Integrated View Of Key Findings. *International Journal of Clinical Practice* 61:2030–2040.

Marz, R. B. 1999. *Medical Nutrition from Marz,* 2nd ed. Portland OR: Omni Press.

McClure, S. M., D. I. Laibson, G. Loewenstein, and J. D. Cohen. 2004. Separate neural systems value immediate and delayed monetary rewards. *Science* 306:503–507.

McCraty, R., M. Atkinson, and D. Thomasino. 2003. Impact of a workplace stress reduction program on blood pressure and emotional health in hypertensive employees. *Journal of Alternative and Complementary Medicine* 9:355–369.

Messier, C., and M. Gagnon. 2000. Glucose regulation and brain aging: Nutrition and cognitive decline. *The Journal of Nutrition, Health, and Aging* 4:208–213.

Meyer, J. S., and L. F. Quenzer. 2004. *Psychopharmacology: Drugs, the Brain, and Behavior.* Sunderland, MA: Sinauer Associates.

Miller, A. 2008. The methylation, neurotransmitter, and antioxidant connections between folate and depression. *Alternative Medicine Review* 13(3):216–226.

Moll, J., F. Krueger, R. Zahn, M. Pardini, R. Oliveira-Souza, and J. Grafman. 2006. Human fronto-mesolimbic networks guide decisions about charitable donation. *Proceedings of the National Academy of Sciences* 103:15623–15628.

Monfils, M-H., K. K. Cowansage, E. Klann, and J. LeDoux. 2002. Extinction-reconsolidation boundaries: Key to persistent attenuation of fear memories. *Science* 324:951–955.

Morris, M. C., D. A. Evans, C. C. Tangney, J. L. Bienias, R. S. Wilson, N. T. Aggarwal, and P. A. Scherr. 2005. Relation of the tocopherol forms to incident Alzheimer disease and to cognitive change. *American Journal of Clinical Nutrition* 81:508–514.

Murray, R. K., D. K. Granner, P. A. Mayes, and V. W. Rodwell. 2000. *Harper's Biochemistry,* 25th ed. New York: McGraw-Hill.

Nanamoli, B. and B. Bodhi. 1995. *The Middle Length Discourses of the Buddha: A Translation of the Majjhima Nikaya (Teachings of the Buddha).* Boston: Wisdom Publications.

Niedenthal, P. 2007. Embodying emotion. *Science* 316:1002.

Nimchinsky, E., E. Gilissen, J. Allman, D. Perl, J. Erwin, and P. Hof. 1999. A neuronal morphologic type unique to humans and great apes. *Proceedings of the National Academy of Science* 96:5268–5273.

Norenzayan, A. and A. F. Shariff. 2008. The origin and evolution of religious prosociality. *Science* 322:58–62.

Nowak, M. 2006. Five rules for the evolution of cooperation. *Science* 314:1560–1563.

Oberman, L. M., and V. S. Ramachandran. 2007. The simulating social mind: The role of the mirror neuron system and simulation in the social and communicative deficits of autism spectrum disorders. *Psychology Bulletin* 133:310–327.

O'Reilly, R. 2006. Biologically based computational models of high-level cognition. *Science* 314:91–94.

Pare, D., D. R. Collins, and J. G. Pelletier. 2002. Amygdala oscillations and the consolidation of emotional memories. *Trends in Cognitive Sciences* 6:306–314.

Park, M., G. W. Ross, H. Petrovitch, L. R. White, K. H. Masaki, J. S. Nelson, C. M. Tanner, J. D. Curb, P. L. Blanchette, and R. D. Abbott. 2005. Consumption of milk and calcium in midlife and the future risk of Parkinson disease. *Neurology* 64:1047–1051.

Paus, T. 2001. Primate anterior cingulate cortex: Where motor control, drive, and cognition interface. *Nature Reviews Neuroscience* 2:417–424.

Pedata, F., L. Giovannelli, G. Spignoli, M. G. Giovannini, and G. Pepeu. 1985. Phosphatidylserine increases acetylcholine release from cortical slices in aged rats. *Neurobiology of Aging* 6:337–339.

Peeters, G. and J. Czapinski. 1990. Positive-negative asymmetry in evaluations: The distinction between affective and informational negativity effects. In *European Review of Social Psychology: Volume 1*, edited by W. Stroebe and M. Hewstone. New York: Wiley.

Petrovic, P., R. Kalisch, T. Singer, and R. J. Dolan. 2008. Oxytocin attenuates affective evaluations of conditioned faces and amygdala activity. *Journal of Neuroscience* 28:6607–6615.

Pitcher, D., L. Garrido, V. Walsh, and B. C. Duchaine. 2008. Transcranial magnetic stimulation disrupts the perception and embodiment of facial expressions. *The Journal of Neuroscience* 28:8929–8933.

Posner, M. I., and M. K. Rothbart. 2000. Developing mechanisms of self-regulation. *Development and Psychopathology* 12:427–441.

Puri, B. K. 2006. High-resolution magnetic resonance imaging sinc-interpolation-based subvoxel registration and semi-automated quantitative lateral ventricular morphology employing threshold computation and binary image creation in the study of fatty acid interventions in schizophrenia, depression, chronic fatigue syndrome, and Huntington's disease. *International Review of Psychiatry* 18:149–154.

Quirk, G. J., J. C. Repa, and J. E. LeDoux. 1995. Fear conditioning enhances short-latency auditory responses of lateral amygdala neurons: Parallel recordings in the freely behaving rat. *Neuron* 15:1029–1039.

Rabinovich, M., R. Huerta, and G. Laurent. 2008. Transient dynamics for neural processing. *Science* 321:48–50.

Raichle, M. 2006. The brain's dark energy. *Science* 314:1249–1250.

Raichle, M., and D. Gusnard. 2002. Appraising the brain's energy budget. *Proceedings of the National Academy of Sciences* 99:10237–10239.

Raichle, M. E., A. M. MacLeod, A. Z. Snyder, W. J. Powers, D. A. Gusnard, and G. L. Shumlan. 2001. A default mode of brain function. *Proceedings of the National Academy of Sciences* 98:676–682.

Rasia-Filho, A., R. Londero, and M. Achaval. 2000. Functional activities of the amygdala: An overview. *Journal of Psychiatry and Neuroscience* 25:14–23.

Rilling, J., D. Gutman, T. Zeh, G. Pagnoni, G. Berns, and C. Kilts. 2002. A neural basis for social cooperation. *Neuron* 35:395–405.

Robinson, P. 2007. How to fill a synapse. *Science* 316:551–553.

Rosenberg, M. 2008 Second Edition. *Nonviolent Communication: A Language of Life*. Chicago: Puddledancer Press.

Sapolsky, R. M. 1998. *Why Zebras Don't Get Ulcers*. New York: W. H. Freeman Co.

———. 2006. A natural history of peace. *Foreign Affairs* 85:104-121.

Schechner, S. 2008. Keeping love alive. *Wall Street Journal*, February 8, W1.

Schore, A. 2003. *Affect Regulation and the Repair of the Self*. New York: W. W. Norton.

Seligman, M. 2006. *Learned Optimism: How to Change Your Mind and Your Life*. New York: Vintage/Random House.

Semaw, S., S. Renne, J. W. K. Harris, C. S. Feibel, R. L. Bernor, N. Fesseha, and K. Mowbray. 1997. 2.5-million-year-old stone tools from Gona, Ethiopia. *Nature* 385:333–336.

Shantideva. 1997. *The Way of the Bodhisattva: A Translation of the Bodhicharyavatara*. Boston: Shambhala.

Shutt, K., A. MacLarnon, M. Heistermann, and S. Semple. 2007. Grooming in Barbary macaques: Better to give than to receive? *Biology Letters* 3:231–233.

Siegel, D. J. 2001. *The Developing Mind*. New York: Guilford Press.

———. 2007. *The Mindful Brain: Reflection and Attunement in the Cultivation of Well-Being*. New York: W. W. Norton and Co.

Silk, J. B. 2007. Social components of fitness in primate groups. *Science* 317:1347–1351.

Simpson, S. W., J. Quade, N. E. Levin, R. Butler, G. Dupont-Nivet, M. Everett, and S. Semaw. 2008. A female *Homo erectus* pelvis from Gona, Ethiopia. *Science* 322:1089–1092.

Singer, T. 2006. The neuronal basis and ontogeny of empathy and mind reading. *Neuroscience and Biobehavioral Reviews* 30:855–863.

Singer, T., B. Seymour, J. O'Doherty, H. Kaube, R. J. Dolan, and C. D. Frith. 2004. Empathy for pain involves the affective but not sensory components of pain. *Science* 303:1157–1162.

Singer, T., B. Seymour, J. O'Doherty, K. Stephan, R. Dolan, and C. Frith. 2006. Empathic neural responses are modulated by the perceived fairness of others. *Nature* 439:466–469.

Singh, M. 2005. Essential fatty acids, DHA, and human brain. *Indian Journal of Pediatrics* 72:239–242.

Spagnoli, A., U. Lucca, G. Menasce, L. Bandera, G. Cizza, G. Forloni, M. Tettamanti, L. Frattura, P. Tiraboschi, M. Comelli, U. Senin, A. Longo, A. Petrini, G. Brambilla, A. Belloni, C. Negri, F. Cavazzuti, A. Salsi, P. Calogero, E. Parma, M. Stramba-Badiale, S. Vitali, G. Andreoni, M. R. Inzoli, G. Santus, R. Caregnato, M. Peruzza, M. Favaretto, C. Bozeglav, M. Alberoni, D. de Leo, L. Serraiotto, A. Baiocchi, S. Scoccia, P. Culotta, and D. Ieracitano. 1991. Long-term acetyl-L-carnitine treatment in Alzheimer's disease. *Neurology* 41:1726.

Spear, L. P., 2000. The adolescent brain and age-related behavioral manifestations. *Neuroscience Biobehavior Review* 24:417–463.

Stern, D. 2000. *The Interpersonal World of the Infant.* New York: Basic Books.

Su, K., S. Huang, C. Chiub, and W. Shenc. 2003. Omega-3 fatty acids in major depressive disorder: A preliminary double-blind, placebo-controlled trial. *European Neuropsychopharmacology* 13:267–271.

Sumedho, A. 2006. Trust in awareness. Talk given at Chithurst Monastery, Chithurst, UK, February 25.

Sun, Q. Q., S. S. Xu, J. L. Pan, H. M. Guo, and W. Q. Cao. 1999. Huperzine-A capsules enhance memory and learning performance in 34 pairs of matched adolescent students. *Zhongguo yao li xue bao* [*Acta Pharmacologica Sinica*] 20:601–603.

Takahashi, H., M. Kato, M. Matsuura, D. Mobbs, T. Suhara, and Y. Okubo. 2009. When your gain is my pain and your pain is my gain: Neural correlates of envy and schadenfreude. *Science* 323:937–939.

Tanaka, J., Y. Horiike, M. Matsuzaki, T. Miyazka, G. Ellis-David, and H. Kasai. 2008. Protein synthesis and neurotrophin-dependent structural plasticity of single dendritic spines. *Science* 319:1683–1687.

Tang, Y., Y. Ma, J. Wang, Y. Fan, S. Feg, Q. Lu, Q. Yu, D. Sui, M. Rothbart, M. Fan, and M. Posner. 2007. Short-term meditation training improves attention and self-regulation. *Proceedings of the National Academy of Sciences* 104:17152–17156.

Taylor, S. E., L. C. Klein, B. P. Lewis, T. L. Gruenewald, R. A. R. Gurung, and J. A. Updegraff. 2000. Biobehavioral responses to stress in females: Tend-and-befriend, not fight-or-flight. *Psychological Review* 107:411–429.

Thera, N. 1993. The four sublime states: Contemplations on love, compassion, sympathetic joy, and equanimity. Retrieved from http://www.accesstoinsight.org/lib/authors/nyanaponika/wheel006.html on April 3, 2009.

Thompson, E. 2007. *Mind in Life: Biology, Phenomenology, and the Sciences of Mind.* Cambridge, MA: Harvard University Press.

Thompson, E., and F. J. Varela. 2001. Radical embodiment: Neural dynamics and consciousness. *Trends in Cognitive Sciences* 5:418–425.

Tucker, D. M., D. Derryberry, and P. Luu. 2000. Anatomy and physiology of human emotion: Vertical integration of brain stem, limbic, and cortical systems. In *Handbook of the Neuropsychology of Emotion*, edited by J. Borod. London: Oxford University Press.

Vaish, A., T. Grossmann, and A. Woodward. 2008. Not all emotions are created equal: The negativity bias in social-emotional development. *Psychological Bulletin* 134:383–403.

Vaitl, D., J. Gruzelier, G. Jamieson, D. Lehmann, U. Ott, G. Sammer, U. Strehl, N. Birbaumer, B. Kotchoubey, A. Kubler, W. Miltner, P. Putz, I. Strauch, J. Wackermann, and T. Weiss. 2005. Psychobiology of altered states of consciousness. *Psychological Bulletin* 133:149–182.

Vogiatzoglou, A., H. Refsum, C. Johnston, S. M. Smith, K. M. Bradley, C. de Jager, M. M. Budge, and A. D. Smith, 2008. Vitamin B12 status and rate of brain volume loss in community-dwelling elderly. *Neurology* 71:826–832.

Walsh, R., and S. L. Shapiro. 2006. The meeting of meditative disciplines and Western psychology: A mutually enriching dialogue. *American Psychologist* 61:227–239.

Wilson, E. O. 1999. *Consilience: The Unity of Knowledge.* London: Random House/Vintage Books.

Wolf, J. L. 1995. Bowel function. In *Primary Care of Women*, edited by K. J. Carlson and S. A. Eisenstat. St. Louis, MO: Mosby-Year Book, Inc.

Wu, W., A. M. Brickman, J. Luchsinger, P. Ferrazzano, P. Pichiule, M. Yoshita, T. Brown, C. DeCarli, C. A. Barnes, R. Mayeux, S. Vannucci, and S. A. Small. 2008. The brain in the age of old: The hippocampal formation is targeted differentially by diseases of late life. *Annals of Neurology* 64:698–706.

Yamasaki, H., K. LaBar, and G. McCarthy. 2002. Dissociable prefrontal brain systems for attention and emotion. *Proceedings of the National Academy of Sciences* 99:11447–11451.

Yang, E., D. Zald, and R. Blake. 2007. Fearful expressions gain preferential access to awareness during continuous flash suppression. *Emotion* 7:882–886.

Young, L., and Z. Wang. 2004. The neurobiology of pair bonding. *Nature Neuroscience* 7:1048–1054.

Zelazo, P. D., H. H. Gao, and R. Todd. 2003. The development of consciousness. In *The Cambridge Handbook of Consciousness*, edited by P. D. Zelazo, M. Moscovitch, and E. Thompson. New York: Cambridge University Press.

心靈工坊 PsyGarden
Holistic 62

像佛陀一樣快樂：愛和智慧的大腦奧祕

Buddha's Brain: The Practical Neuroscience of Happiness, Love, and Wisdom

作者—瑞克・韓森（Rick Hanson）& 理查・曼度斯（Richard Mendius）
譯者—雷叔雲　審閱—劉秀枝

出版者—心靈工坊文化事業股份有限公司
發行人—王浩威　諮詢顧問召集人—余德慧
總編輯—王桂花　執行編輯—林依秀
內文排版—辰皓國際出版製作有限公司
通訊地址—10684 台北市大安區信義路四段53巷8號2樓
郵政劃撥—119546215　戶名—心靈工坊文化事業股份有限公司
電話—02）2702-9186　傳真—02）2702-9286
Email—service@psygarden.com.tw　網址—www.psygarden.com.tw

製版・印刷—中茂分色製版印刷事業股份有限公司
總經銷—大和書報圖書股份有限公司
電話—02）8990-2588　傳真—02）2990-1658
通訊地址—248 新北市五股工業區五工五路二號
初版一刷—2011年7月
ISBM—978-986-6112-13-3　定價—360元

國家圖書館出版品預行編目資料

像佛陀一樣快樂：愛和智慧的大腦奧祕／瑞克・韓森（Rick Hanson）、理查・曼度斯（Richard Mendius）作；雷叔雲譯. -- 初版. -- 臺北市：心靈工坊文化，2011.07
面；公分.--（Holistic；62）
譯自：Buddha's Brain: The Practical Neuroscience of Happiness, Love, and Wisdom
ISBN 978-986-6112-13-3（平裝）
1. 快樂
2. 生理心理學

172.1　　100011182

廣　告　回　信
台北郵局登記證
台北廣字第1143號
免　貼　郵　票

心靈工坊 PsyGarden

台北市106 信義路四段53巷8號2樓

讀者服務組　收

（對折線）

加入心靈工坊書香家族會員
共享知識的盛宴，成長的喜悅

請寄回這張回函卡（免貼郵票），
您就成為心靈工坊的書香家族會員，您將可以——

⊙隨時收到新書出版和活動訊息

⊙獲得各項回饋和優惠方案

心靈工坊 PsyGarden 書香家族 讀友卡

感謝您購買心靈工坊的叢書，為了加強對您的服務，請您詳填本卡，
直接投入郵筒（免貼郵票）或傳真，我們會珍視您的意見，
並提供您最新的活動訊息，共同以書會友，追求身心靈的創意與成長。

書系編號—HO062　　書名—像佛陀一樣快樂：愛和智慧的大腦奧祕

姓名　　是否已加入書香家族？ □是 □現在加入

電話 (O)　　(H)　　手機

E-mail　　生日　年　月　日

地址 □□□

服務機構（就讀學校）　　職稱（系所）

您的性別—□1.女 □2.男 □3.其他

婚姻狀況—□1.未婚 □2.已婚 □3.離婚 □4.不婚□5.同志 □6.喪偶 □7.分居

請問您如何得知這本書？
□1.書店 □2.報章雜誌 □3.廣播電視 □4.親友推介 □5.心靈工坊書訊
□6.廣告DM □7.心靈工坊網站 □8.其他網路媒體 □9.其他 ________

您購買本書的方式？
□1.書店 □2.劃撥郵購 □3.團體訂購 □4.網路訂購 □5.其他 ________

您對本書的意見？
- 封面設計　□1.須再改進 □2.尚可 □3.滿意 □4.非常滿意
- 版面編排　□1.須再改進 □2.尚可 □3.滿意 □4.非常滿意
- 內容　□1.須再改進 □2.尚可 □3.滿意 □4.非常滿意
- 文筆／翻譯　□1.須再改進 □2.尚可 □3.滿意 □4.非常滿意
- 價格　□1.須再改進 □2.尚可 □3.滿意 □4.非常滿意

您對我們有何建議？

▲您的意見，我們將轉貼在心靈工坊網站上，www.psygarden.com.tw